प्रभाती

(संकलित कविता संग्रह)

संपादक

विभूति भूषण झा

सन्मति

Title :Prabhati
ISBN: 9789390539383

प्रकाशक

सन्मति पब्लिशर्स एण्ड डिस्ट्रीब्यूटर्स

बी-347, संजय विहार,

मेरठ रोड, हापुड़-245101 (उ0प्र0)

website : www.sanmatiindia.com

email: sanmati555@gmail.com

मो. : 8439645104

प्रथम संस्करण: मार्च 2021

माताजी

श्रीमती बेली झा

को समर्पित

जिनके निर्देश पर पहले

'अवली', 'इन्नर', 'बारहबाना'

और अब

'प्रभाती'

आपके सम्मुख है।

सम्पादक का पत्र

नमस्कार/प्रणाम.

"**प्रभाती**" साझा संकलन लेकर आप सबके सम्मुख उपस्थित हूँ। सत्तर रचनाकारों की रचनाओं (कविता/ गीत/ छन्द/ दोहा) से सुसज्जित संकलन "**प्रभाती**" आपके समक्ष है। स्थापित रचनाकारों के साथ नये और उभरते रचनाकारों को साथ लाने की मुहिम की यह अगली कड़ी है। कार्यालयीन दायित्वों के कारण समयाभाव तो रहा तथापि सम्पादन का कार्य क्रमशः संभव हो पाया।

किसी सजीव या निर्जीव वस्तु, व्यक्ति, स्थान, स्थिति या दृश्य को देखकर, कल्पनाओं में सोचकर, अनुभवकर, भावनाओं के उद्गारों को गीले शब्दों की मिट्टी से जब कोई मूरत का रूप देता है तो कविता/ गीत/ पद्य का जन्म होता है। दर्द, विरह, पीड़ा, धोखा, देश, हास्य और अन्य सभी भावनात्मक बातों को पद्य में कह सकते लेकिन इन सबमें प्रेम सर्वोपरि है। माँ और संतान का, प्रेमिका और प्रेमी का, मनुष्य और प्रकृति का, व्यक्ति और स्वभाव का या जो एक दूसरे के पूरक हैं उनके बीच के धागे का लचीला वर्णन पद्य के आभूषण हैं। कविता को समझना और कविता लिखना दोनों दो अलग-अलग विषय हैं। कविता का व्याकरण बहुत व्यापक और समृद्ध है। इन कविताओं को उन कसौटियों पर नहीं ले जाकर हमने रचनाओं के चयन में इस बात का ख्याल रखा है कि काल के प्रवाह के साथ ये रचनाएँ पुरानी नहीं हों, एक स्पष्ट संवाद हो, नये को स्थान मिले एवं कविता का मूल अभिप्राय पूर्णतः परिलक्षित रहे। कहीं से तो प्रारम्भ हो। नये कवि/ गीतकार/ रचनाकार ज्यादा हैं तो निःसंदेह अपेक्षाएँ ज्यादा होंगीं। अपेक्षाओं के साथ आशंकाएँ भी ज्यादा होंगीं। रचनाकार इसमें कितने सफल हुए हैं इसका निर्धारण आप पाठक करें।

पुस्तक में रचनाओं का क्रम रचनाकारों की वरीयता मानकर नहीं बल्कि पृष्ठों के संयोजन की सुविधा पर आधारित है। यह पुस्तक ज्ञान प्राप्त

करने का मानक नहीं है, त्रुटि हो सकती है। इस संकलन हेतु किसी भी रचनाकार से कोई आर्थिक सहयोग नहीं लिया गया है। आर्थिक सहयोग के केंद्र में मेरी माताजी **श्रीमती बेली झा** हैं।

एक बात स्पष्ट कर दूँ कि इस पुस्तक से मुझे निजी रूप में किसी भी प्रकार का कोई आर्थिक लाभ नहीं है और भविष्य में भी नहीं होगा।

"प्रभाती" के प्रकाशन में पत्नी '**श्रीमती माधुरी झा**' का सहयोग सर्वोपरि है। हैदराबाद से **श्री मनीष** एवं **श्रीमती श्वेता (सोनी)** ने दूर रहकर भी सोशल मीडिया प्रबंधन और अन्य प्रकार से तकनीकी सहयोग कर मनोबल बढ़ाये रखा। सन्मति प्रकाशन के श्री निशान्त जैन के आभारी हैं कि वे सदैव सकारात्मक रहे।

"अवली" और **"इन्नर"** पुस्तकों की तरह ही इस साझा संकलन को भी आपका प्यार मिले, ऐसी आशा है। पाठक अपना विचार अवश्य दें। आपके विचारों से भविष्य में सुधार करने का मौका मिलेगा। धन्यवाद।

आपका,

विभूति

(विभूति भूषण झा)

ग्राम+पोस्ट- गोसाँई गाँव, वाया-नवगछिया,

जिला-भागलपुर, बिहार.

मो: 9435442155.

सम्प्रति:- गुवाहाटी.

ईमेल : bbjhacbi@yahoo.com

वेबसाइट-www.bibhutibjha.com

दिनांक :3 मार्च, 2021.

अनुक्रमणिका

मेरी है अभिलाषा

-लाल देवेन्द्र कुमार श्रीवास्तव
ग्राम-कैतहा, पोस्ट-भवानीपुर,
जिला-बस्ती 272124 [उत्तर प्रदेश]
मोबाइल 7355309428,
ईमेल : laldevendra706@gmail.com

मेरी रही सदैव अभिलाषा,
मैं बोलूँ बस प्रेम की भाषा !
सद्कर्मों से हो मेरी पहचान,
मैं बन सकूँ एक नेक इंसान !!
ऐसा वर दे हे ! कृपानिधान !!

मैं रचूँ एक सुंदर परिभाषा,
जिसमें हो जीने की आशा !
किंचित न हो कहीं निराशा,
न हो मुझे कभी अभिमान !!
ऐसा वर दे हे ! कृपानिधान !!

मुझसे न हो कपट कभी,
नाते रिश्ते खुश रहे सभी !
न किसी को दुःख पहुँचे,
मिलता रहे मुझे भी मान !!
ऐसा वर दे हे ! कृपानिधान !!

सत्पथ पर मेरे कदम बढ़े,
कितने हो अवरोध खड़े !

काट उन्हें आगे बढ़ जाऊँ,
मंजिल बना मेरी आसान !!
ऐसा वर दे हे ! कृपानिधान !!

मुझसे होते रहें सद्‌कर्म,
व्यथित का जानूँ मैं मर्म !
सत्पथ ही बने मेरा धर्म,
मुझ पर कर दे अहसान !!
ऐसा वर दे हे ! कृपानिधान !!

कोशिश मेरी दुःख हरने की,
नूतन नित कुछ करने की !
लोगों से सदा ही जुड़ने की,
जग में न हो कोई हैरान !!
ऐसा वर दे हे ! कृपानिधान !!
***

शिव विवाह (एक गीत)

-रूणा रश्मि,
राँची, झारखंड

आज दिवस मंगल वो आया,
शिव शंकर ने ब्याह रचाया।
पार्वती ने किया कठिन तप,
फिर शंभू जैसा वर पाया।
आज दिवस मंगल वो आया, शिव शंकर ने ब्याह रचाया।

भूत प्रेत सब संगी साथी,
बनकर आए हैं बाराती।
भेष अनूठे शिव के सारे,
माता को ये तनिक न भाते।
आज दिवस मंगल वो आया, शिव शंकर ने ब्याह रचाया।

किया कठिन जप तप अरु पूजा,
योगी जैसा वर है खोजा।
कहे धिया से मातु सुनयना,
कोई तुमको मिला न दूजा।
आज दिवस मंगल वो आया, शिव शंकर ने ब्याह रचाया।

शिव शक्ति का मिलन अनोखा,
देवों ने भी आकर देखा।
होना ही था एक दिन तो ये,
विधि का था ऐसा ही लेखा।
आज दिवस मंगल वो आया, शिव शंकर ने ब्याह रचाया॥

माँ की ममता

शब्द नहीं वो शब्दकोश में,
माँ की ममता जो बतला दे।
भाव कहाँ वह किसी छंद में,
ममता का जो रूप दिखा दे।

माँ का जग में जो स्वरूप है,
शायद ईश्वर का ही रूप है।
ईश्वर सब के भाग्य विधाता,
माँ होती इस जन्म की दाता।

लहू से अपने सींच-सींच कर,
ही हमको दुनिया में लाती।
भली बुरी बातों का जग में,
हम सबको ये पाठ पढ़ाती।

खुद भूखी रह जाती लेकिन,
बच्चों की वो क्षुधा मिटाती।
बुरी नजर लग जाये न हमको,
इस डर से आँचल में छुपाती।

माँ की ममता और त्याग का
अपना जीवन है परिणाम।
क्यों न करें न्योछावर हम सब
माता के चरणों में प्राण ॥

लापता होती औरतें

-रोहित ठाकुर
-पटना

जब औरतें लापता होती हैं
आस पास का पर्यावरण
अपनी मुलायमियत खो देता है
औरतें लापता हो रही हैं
भूख से, फिर हिंसा से
औरतें लापता हो रही हैं
असमय मौत से
औरतें ही बचा सकती हैं
इस धरती पर जो कुछ भी सुन्दर है
पर वह विपदा में है
किसी भी देश में
जब खेतों और जंगलों को
खत्म कर दिया जाता है
वहाँ से औरतें लापता हो जाती हैं
जहाँ सूख जाती हैं नदियों और झरनों का पानी
वहाँ से औरतें लापता हो जाती हैं
औरतें लापता हो जाती हैं
अभाव में
औरतें अभाव को अभिव्यक्त नहीं करतीं
और लापता हो जाती हैं
औरतें लापता हो रही हैं
क्रूर लापरवाही से ॥

सुख और दुःख

उसने कहा सुख जल्दी थक जाता है
और दुःख
एक पैसेंजर ट्रेन की तरह है
उसने सबसे अधिक गालियाँ
अपने आप को दी
उसका झगड़ा पड़ोस से नहीं
उस आकाश से है जो
तारों को
आत्महत्या के लिए उकसाता है
उसने सबसे डरा हुआ आदमी
उस पुलिस वाले को माना
जो गोली मार देना चाहता है
सबको
वह चाहता है कि एक
धुँआ का पर्दा टंगा रहे
हर अच्छी और बुरी चीज़ों के बीच
ताकि औरतों और बच्चों के सपनों पर
चाकू के निशान न हों।

***

सुनो गांधारी !

-प्रतिभा सिंह
ग्राम +पोस्ट -किशुनपुरा
आजमगढ़ (उत्तर प्रदेश)

सुनो गांधारी !
काश की तुम पतिव्रता का ढोंग करने के लिए
आँखों पर पट्टी न बाँधती
काश कि तुम अंधे पति से कह पाती
कि मैं आपकी दो आँखें हूँ
देखिएगा इस बहुरंगी दुनिया को
मेरी ही दृष्टि से।
बन पाती एक अपाहिज पति का सहारा,
जानबूझकर अंधकार मोल न लेकर
उत्तरदायित्वों को बढ़कर गले लगाती
तो देख पाती
कि तुम्हारी संतानें पथभ्रष्ट हो रही हैं
बिना उचित मार्गदर्शन के।
समझ पाती कि
द्रोणाचार्य के गुरुकुल में
संतानें ज्ञानी नहीं होतीं
मात्र रटती हैं
कुछ सुनी सुनाई बातें
जो समय के साथ भूलती जाती हैं।
याद रहता है तो बस
थोथा अहंकार,
ज्ञानी होने का दम्भ,

जो उजाड़ देता है
किसी पांचाली की दुनिया
और अपने ही कुल को।
काश कि तुम सीख पाती कुंती से
कि पति परमेश्वर नहीं, सखा होता है
यदि वह असमय काल का ग्रास हो जाये
या आगे बढ़कर
जिम्मेदारियों को वहन न कर सके
तो भी स्त्री अपने साहस और आत्मविश्वास से
बदल सकती है दुनिया।
काश कि तुम सिर्फ पत्नी न बनकर
एक माँ भी बनी होती
तो देखती की संस्कार विहीन कौरव
कुल के नाश का पथ प्रदर्शन कर रहे हैं
लालच और स्वार्थ में डूबकर।
तुम आँखें न मूँदती
तो देख पाती
कुन्ती पुत्रवधू में पुत्री का रूप।
तुम देख पाती
कि पांचाली कोई साधारण स्त्री नहीं है
वह नाश कर देगी
तुम्हारे चरित्रहीन पुत्रों का झूठा दम्भ
क्योंकि वह अग्नि है स्वयं ही,
और अग्नि अपने दायरे में रहे तो सर्जक
अन्यथा तो वह संहारक ही है।
तो संहार को आमंत्रित किया तुम्हारे पुत्रों ने
क्योंकि वे मार्गदर्शन विहीन थे।
काश कि तुम समझ पाती कि

माता ही प्रथम गुरु है
और एक माँ को नहीं है अधिकार
कि वह आँखों पर पट्टी बाँधे
क्योंकि उसकी संतानें हो सकती हैं
भ्रष्ट, लालची, स्वार्थी और बलात्कारी
बिल्कुल तुम्हारे पुत्रों की तरह।
काश कि तुम आँखों पर पट्टी न बाँधती
तो दे पाती संस्कार अपने पुत्रों को
सिखा पाती जीना,
उन्हें साहस, धैर्य और स्वाभिमान से
बिलकुल कुन्ती पुत्रों की तरह।
तो सम्भव था नहीं होता युद्ध
महान भारत के कुरुक्षेत्र में,
तो नहीं देखना पड़ता तुम्हें
शत पुत्रों का शव
बन्द आँखों से ॥
***

सुनो ! नहीं चाहिए मुझे और कुछ भी

सुनो !
नहीं चाहिए मुझे और कुछ भी
सिवाय इसके
कि कभी थक जाऊँ
जिंदगी की राह में
तो तुम्हारी बाँहों का
सहारा मिल जाये
थोड़ी देर के लिए ही सही
जब कभी हार और जीत के खेल में
निराश होने लगूँ
तो तुम्हारे हाथ
मेरे कंधे पर आ जाएँ
मजबूत हौसला बनकर
और जब कभी
आँखों में आ जाये आँसू
कोई दर्द लेकर
तो तुम्हारी रूमाल
बढ़कर रोक ले उसे
जमीन पर गिरने से
जब कभी बढ़ जाये
दिल पर बोझ मेरे
करनी हो ढेर सारी दिल की बातें
तब मिल जाये तुम्हारा साथ
एकांत में कहीं
पेड़ों की झुरमुट में।

जब कभी उलझनों को
सुलझाते-सुलझाते उलझ जाऊँ
तब तुम शरारत से
बिन बताए ही मुझे
सब ठीक कर दो।
जब कभी तन्हा हो जाऊँ
जिंदगी की राह में
तो तुम मेरे ख्यालों में आकर
मेरा साथ दे दो।
जब कभी लेने हो
मुझे कठोर फैसले
और छोड़ जाए पूरी दुनिया
मुझे मझधार में ही
उस वक्त तुम्हारी
आँखों का इशारा मिल जाये
मैं हूँ न तुम्हारे साथ॥
***

नदी

-गीता गुप्ता 'मन'
लखनऊ
ईमेल :geetagpt875@gmail.com

ऊँचे गिरिवरों की
गोद में
जब पहली बार मुस्कुराई थी
रवि की किरणों
ने पहली बार
मुझे गोद में उठाकर पुचकारा था
शीशे सी चमक थी
उस समय मुझमें
मन में उमंगें थीं
और आगे बढ़ने का जुनून
रास्तों के गिरि गह्वरों से
अठखेलियाँ करती
लड़ती झगड़ती
मधुर संगीत गाते हुए
आगे बढ़ती रही...
कितने पत्थरों को
सुकोमल बनाते हुए
जो शिवालयों में जा
पहुँची...
अपनी राह चलती रही
ऊबड़ खाबड़ राहों में चलते
पैर डगमगाए जरूर

पर हौसलों ने नई राह दिखाई...
पहाड़ों से उतरकर
समतल पर आकर
जब हरा भरा मैदान देखा
मन हिलोरें मारने लगा...
भावनाओं का वेग बढ़ने लगा...
घाटों के किनारे बने मंदिरों में
जब होता आरती का गुंजन
पुलकित हो उठता रोम-रोम
संध्या का सूरज घोल
देता है सिन्दूर
और प्रभा उसे सजा लेती है
अपनी माँग पर...
हवाएँ ताल मिलाते हुए
जब चलती है
सुरमयी संगीत से आह्लादित
हो उठता है मेरा हृदय
पर आज बेबस हूँ
मलिनता घुल गयी है
जीवन में, समाज में
और मनुज
मुझे भी कर रहा बदरंग
जीवनदायिनी आज
भिक्षुक है जीवन की
नदी हूँ मैं !
***

प्रेम

-कान्ता घिल्डियाल
देहरादून
kanta.g.873@gmail.com

पीढ़ियों पहले
पुलकित प्रकृति में
पनपी होगी
पारदर्शी प्रेम की पवित्र पौध
परस्पर परवाह से
प्रस्फुटित हुई होंगी
अनेक प्रशाखाएँ
प्रगाढ़ प्रेम के गण में
प्रमुदित हुए होंगे
पास-पास अनेक पावन पुष्प
प्रश्न, प्रांत, प्रयोजन और
प्रतिबंधों को परे रख
प्रेम-पुजारी ने
प्रवाहित की होंगी
प्रशंसा व प्रतिज्ञायें
पीड़ा की प्रतिकूल परिस्थिति में
पुचकार कर पढ़ी होंगी
अलौकिक प्रेम में
पगी पवित्र पातियाँ
परस्पर प्रेम में
पहचान बनाते पलों को पोसकर
रोपित किये होंगे

प्रगाढ़ प्रेम के प्रतीक प्रेम चिन्ह
पर अब प्लास्टिक सा
हो गया है प्रेम
प्रेमी-प्रेमिकाएँ
प्रेत व प्रहरी बन
प्रेम-प्रासादों पर प्रतिपल
कर रहे हैं पैने प्रहार
पैदल पैर बढ़ाता
प्रेमालाप अब
प्रतिद्वंद्वी बन खड़ा है
प्यार की प्रतियोगिता
के पैराशूट पर...
***

सत्य के दोहे

-सत्यशील राम त्रिपाठी
फोन-6386578871

सारे योद्धा मौन हैं, कौन सुनेगा पीर
राजमहल में खिंच रही, द्रुपदसुता की चीर।
राम आपको तो बहुत, था सीता से नेह
फिर क्यों सीता की पड़ी, अग्निकुंड में देह।
राम अन्ततः आ गए, अपने राज निवास
रही झेलती उम्रभर, वैदेही वनवास।
गर्मी में है छाँव तू, सर्दी में है धूप
पानी जैसे बदलता, नारी तेरा रूप।
घर-आँगन को सींचती, लेती नहीं पगार
बिटिया के सप्ताह में, लिखा नहीं इतवार।
ऊँची कर आवाज तू, ऊँची कर परवाज
गौरैया बनना नहीं, बनना तुझको बाज।
पंख बनेंगी डीग्रियाँ, सपनों के अनुकूल
चूल्हा-चौका छोड़कर, चलो चलें स्कूल।
घर-आँगन में झेलती, जीवन भर विषदंश
फिर भी करती बेटियाँ, उज्ज्वल दो दो वंश।
गुड़िया, गुल्लक, गोटियाँ, गजरा, गाँव, गुरूर
एक लुटेरा ले गया, बस देकर सिंदूर।
खेत काटती औरतें, रहना जरा सतर्क
आदम-आदमखोर में, रहा नहीं अब फर्क।

दुखिया से मुखिया कहे, आ जाना कल शाम
मेरी-तेरी भूख का, कल होगा विश्राम।
माँ ने जब गिरवी रखे, नयी फसल के बीज
तब भाई लेकर गया, बहना के घर तीज।
बूढ़ी माँ कैसे करे, चिमटे की उम्मीद
मेले में जाता नहीं, अब कोई हामीद॥

***

मैं स्त्री हूँ

-अनुपमा भगत
मोरहाबादी, राँची
मोबाईल-9546468827

कभी स्कर्ट में चहकती शोख बाला सी दिखूँगी मैं,
तो कभी साड़ी के आँचल से ढ़की शालीनता सी मिलूँगी मैं,
कभी बेटी बनकर दुलार जताती हुई सी दिखूँगी,
कभी बहन बनकर चिढ़ाती-झगड़ती सी मिलूँगी,
तो कभी माँ के रूप में स्नेह लुटाती हुई सी मिलूँगी,
फिर दादी माँ सी प्रेम से गले भी लगा लूँगी।
दोस्त बनकर तुम्हें सलाह दूँगी आगे बढ़ने की,
थाम लूँगी हाथ तेरा जब मार पड़ेगी मुसीबतों की,
कभी प्रेमिका बनकर तुमपर सर्वस्व न्योछावर कर दूँगी,
तो कभी पत्नी के रूप में गृहस्थी सँभालती हुई दिखूँगी।
मैं सरस्वती सरीखी ज्ञान रूप में किसी कार्यालय में दिखूँगी,
कभी दुर्गा रूप में शस्त्र उठाए सेना संग चलूँगी,
कभी मैं मास्टरशेफ हूँ पकवान नित नये बनाती,
तो कभी आलस के मारे बाहर से खाना मँगवाती।
कभी अपने हिस्से का कुछ न दूँगी तुम्हें
तो कभी अपनी मनपसंद चीज बिन माँगे तुम्हें दे दूँगी।
कभी काथा साड़ी की सादगी मेरी पसंद है,
तो कभी बंधेज-लहरिया की कलात्मक रंगीनियाँ।
कभी सबकी बातों पर मेरी स्वीकृति है,
तो कभी सबके लिए ही मौन अस्वीकृति।

कभी मज़ाक में हँसना-बोलना तुम्हें दिखेगा मेरा यूँ खुलना,
कभी तनूँगी अपनी बात पर, पड़ेगा तुम्हें ही झुकना,
मैं स्त्री हूँ, मेरे रूप अनेक, मेरी कोई सीमा नहीं,
मुझे चाहो या न चाहो, ये जीवन मेरे बिना नहीं।

***

अभी बिकने को हूँ

-ऋषिकेश घटारे
अमरावती, महाराष्ट्र
ghatarerushikesh64@gmail.com

कलम थामी है अभी लिखने को हूँ,
खैर छँटी है धुँध थोड़ी, अभी पूरा दिखने को हूँ,
अधूरे थे जज्बात अभी लिखने को हूँ,
गढ़ते हैं शब्द कैसे अभी सीखने को हूँ.
मन की बात मन में है अभी चीखने को हूँ,
हाँ छँटी है धुँध थोड़ी, अभी पूरा दिखने को हूँ...

शब्द मेरे कलम मेरी है,
प्रश्न मेरे उलझन मेरी है
चहकता बहुत है मेरा बसेरा है
रात मेरी है और मेरा सबेरा है
हाँ उन सियासती शामों में
हाँ उन महकते नामों में,
अभी दिखने को हूँ.
सही पहचाना जनाब
बेशकीमती हूँ अभी बिकने को हूँ ॥
***

नर्तक है भूख

-डॉ. मुख़्तार अहमद

नृत्य कराती
शरीर का हर अंग थिरकता
इसी की लय पर
और ठुमकता इसी की ताल पर
मनुष्य
और
हर प्राणी
शाश्वत उसका नर्तन
यथार्थ उसका अनुभव
ये नर्तन जब होता है मजदूर के पेट में
अंतड़ियाँ अकड़ जातीं
उठती है मरोड़ अजब सी
ध्वनियों में गूँजता राग
आरोह, अवरोह की परवाह किये बगैर
तब हृदय धमनियाँ संकुचित हों
मस्तिष्क पर करती प्रहार
तब मनुष्य का
मजदूर का नृत्य
बन जाता है तांडव
वो निकल आता है सड़कों पर
विकराल रूप के साथ
फक्कड़, बुझक्कड़, कंगाल
मलकर भभूत
वतन की मिट्टी की

तब काँप उठती हैं दिशाएँ
थर्रा उठती हैं नींव
राजमहलों की
तब दुबक जाते हैं अधिनायक
तहखानों में
नर्तन
रौद्र रूप लेता
तांडव
शिवत्व की पराकाष्ठा
परिवर्तन
भूख का नर्तन...
***

समर्थ हाथों से

कविता गिरती है समर्थ हाथों से
समर्थ हाथों से लिखे समर्थ शब्द
अपना अर्थ खो दें
भावशून्य विचरते भाव, अभाव झेलते
संवेदना का आलम्बन
और
शब्द लगे, बिम्बों का झुरमुट
कटीले
उलझ जाते अहसास
तब शब्द
अशब्द
कुशब्द
शब्दकोष से तलाशे शब्द
और फिर दो अर्धशब्द की सन्धि से उगाये गये
नवशब्द
और फिर तैंतीस पंक्ति की कविता
व्यंजना से विभूषित
निर्मित,
फिर एक और समर्थ
शब्द खिलाड़ी
मित्र आलोचक
तैंतीस पंक्ति की कविता की
समीक्षा
तैंतीस पृष्ठों पर
फ़र्श की कविता

अर्श तक
और
फिर समर्थ मित्र हाथ
करतल ध्वनि से स्वागत
आप अच्छे कवि नहीं
कोई बात नहीं
पर समर्थ होना आवश्यक है
असमर्थ कवि का
एक समर्थ गुट होना आवश्यक है...
***

उन्मूलन

-राजकुमार जैन 'राजन'
आकोला (चित्तौरगढ़), राजस्थान
मोबाइल :9828219919
ईमेल -rajkumarjainrajan@gmail.com

मृगतृष्णा !
जीवन के अंधेरे में
भटकने को मजबूर करती है
आदमी को आदमी से
दूर करती है
पर देखो, उधर भी
अतृप्ति की अंधेरी गुहा में धँसे
उन अनाम चेहरों को
जो अपने ही भय से
अपने ही अंदर के आतंक से
स्वयं को सावधान करते हुए
पहरेदारों की तरह
कमीने होते जाने की
अनुभूति से
पीड़ित हैं
और पूरी तरह ज़ख्मी हैं
हमारी नस-नस में
अंधेरा है
मन के सूने खंडहरों में
आतंक के उल्लूओं का
बसेरा है

बन्द कर लेते हैं
पिंजरे में उन्हें
जो अपने को पहचानने में
अक्सर भूल कर जाते हैं
अन्तरात्मा तड़प-तड़प कर
कह रही है
बहुत उदास है यह बस्ती
आओ, इस बस्ती में
दीये जलायें
सकारात्मकता के
सक्रियता के
खुशहाली के
सद्भाव के
तब
यह मरुस्थली सन्नाटा
सजगता का बन प्रहरी
जीवन की मृगतृष्णाओं का
करेगा उन्मूलन!
***

बेटी बोझ नहीं

-मंज़ू रहेजा
ईमेल-manjuraheja65@icloud.com

सृष्टि के रचनाकार ने ऐसी लक्ष्मी बनाई,
जिसके उल्लेख में कोई शब्द ना सोच पाई,

हम भूल कर समझते हैं बेटी को बोझ,
अरे वो तो उठाती है परिवार का बोझ,

अनगिनत त्याग से बनाती है अपनी पहचान,
सारे शब्द भी कम हैं बताने में उसकी शान,

आत्म-निर्भरता में है उसकी शिक्षा का योगदान,
फिर वो क्यों सहे इस क्रूर समाज का अपमान,

हम क्यों कहते हैं पराया धन हैं बेटियाँ,
परन्तु परिवार की धड़कन होती हैं बेटियाँ ।।

***

नारी अब अबलापन छोड़ो

-आर.एस.'प्रीतम'
वी.पी.ओ.जमालपुर, तहसील बवानी खेड़ा
भिवानी (हरियाणा), पिन-127035

नारी अब अबलापन छोड़ो, सबला बनकर भरो हुँकार।
जो भी देखे तुच्छ नयन से, रणचंडी का लो अवतार॥
चारों ओर दरिंदे बैठे, लाचारी पर करने वार।
बिजली बनके तुम टूट पड़ो, खंडित करो धरा का भार॥

पीर पराई कौन समझता, अपनी ही करते जयकार।
अपनी रक्षा ख़ुद करनी है, नारी बलशाली साकार॥
शासन सत्ता मौन पड़े हैं, बिके हुए हैं ये अख़बार।
दुर्गा देवी सी बन जाना, दुश्मन का करने संहार॥

श्रद्धा प्रेम प्यार की मूरत, रिश्ते-नातों का आधार।
रक्षा इनकी करो सदा ही, पर सहना मत अत्याचार॥
जो लोग दबाना चाहें तुमको, रहो विरोधी हो तैयार।
फूलों बदले फूल चढ़ाना, शूलों को शूलों का हार॥
***

एक कप चाय पी लो

-सारिका भूषण
राँची, झारखण्ड

भाग रही है ज़िन्दगी
दौड़ रहे हम सब
अंधी है दौड़
जान रहे पर मान रहे कब
अरे ! दो पल ठहरो
रुक जाओ किसी मोड़ पर
और एक कप चाय पी लो।

संग नहीं कोई
तो सपनों के संग जी लो
भीड़ है बहुत
तो थोड़ा अकेले ही रह लो
अरे ! दो पल ठहरो
रुक जाओ किसी मोड़ पर
और एक कप चाय पी लो।

जिंदगी में मिठास कम है
तो थोड़ा नमकीन ही बन जाओ
कहाँ मिलता उन्हें गुलाबजामुन
किसी डायबिटिक की इन्सुलिन बन जाओ
अरे ! दो पल ठहरो
रुक जाओ किसी मोड़ पर
और एक कप चाय पी लो।

आँसू तो तुम्हारे अपने हैं
कभी चुपके-चुपके रो लिया करो
पर जहाँ रुलाते हैं सब
वहाँ खुलकर हँस लिया करो
अरे ! दो पल ठहरो
रुक जाओ किसी मोड़ पर
और एक कप चाय पी लो।

चोट खाया तुम्हारा दिल है
तो दूसरे से मरहम की उम्मीद क्यों
तुम ज़िंदा हो, ज़िन्दगी तुम्हारी है
फिर दखलंदाजी मरे अरमानों की क्यों
अरे ! दो पल ठहरो
रुक जाओ किसी मोड़ पर
और एक कप चाय पी लो।
***

गुर्दा

-कृष्ण कुमार यादव
निदेशक डाक सेवाएँ, लखनऊ

निकाल लिया है उन्होंने
उसका एक गुर्दा धोखे से
उस बेरोजगार ने भी चंद पैसों की लालच में
लगा दी अपनी जिंदगी दाँव पर
पर उसका क्या कसूर?
वह तो व्यवस्था का मारा हुआ है
पर उस संभ्रान्त और सुशिक्षित डॉक्टर का क्या
जिसे दूसरा भगवान माना जाता है
और जिसने एक अमीर
की जान बचाने के लिये
एक गरीब की जिन्दगी
दाँव पर लगा दी।

न जाने रोज कितनी ऐसी घटनाएँ
सुनने को मिलती हैं
कभी पैसे के अभाव में
किसी गरीब का दम तोड़ देना
कभी चंद पैसों की आड़ में
नवजात शिशु को बेच देना
और कभी कानूनी प्रक्रियाओं में
भटकाये जाते आम जन
पर फिर भी गरीब आदमी
मानता है उन्हें दूसरा भगवान।
***

अन्नपूर्णा सी औरत

-अंजना चड्ढा
जयपुर

बहुत समझदार है वो औरत,
महीने के आखिरी दिन
रसोई के ख़ाली डिब्बे
और बच्चों की भूख,
ऊपर से पति की थोड़ी सी आमदनी
और रोज़ शराब की लत,
क्या करे? किससे कहे? कहाँ माँगे?
टटोलती है आटे का कनस्तर
ख़ुश होती है...
कुछ बचा है
देखती है दो काँदे हैं
हरी मिर्च भी,
कुतरती है काँदे
ज्यों कुतर के फेंक रही हो
जीवन में आये दुर्दिन
तीख़ी मिर्च की जलन सह जाती है
ज्यों पी रही हो शिव बन गरल,
डालती है आटे में काँदा, मिर्च
और डाल के ज़िंदगी का नमक
गूँथ देती है सब साथ!
फिर से ख़ुश होती है
बिलो लेती है बची पड़ी मलाई को
उभर के आता है... थोड़ा ताज़ा

नयी ज़िंदगी सा मक्खन,
रखती है तवा...
जीवन की आँच पर
और सेकती है...
गोल सुंदर रोटियाँ
पुकारती है...
ओ मुन्नी... आजा...
भैया के संग...
खा ले खाना,
दौड़ते भागते बच्चों को
खिला कर...
जुगत की रोटी
चैन से बैठती है...
कल की कल देखी जाएगी
पाल लेगी...
कैसे भी बच्चों को
वो समझदार अन्नपूर्णा सी औरत...
***

मेरी जीवन संगिनी

-किशोर दिवसे
पुणे,
मो.-9827471741.

भोर के सूरज की गुदगुदाती किरण
कुलाँचे भरती हिरनी के नयन
गोधूलि का पावस अरुणाभ
इंद्रधनुष का सतरंग हो तुम

जीवन का अटूट चाक
समर्पित मदनिका का उद्दाम ताप
पूजा की तुलसी माला का
एक अनवरत जाप हो तुम

मेरा जीवन खंडित लौह अंश
उस पर काल के अगणित दंश
कामनाओं के सर्जित होने वंश
इस कल्पतरु का मूल हो तुम

जीवन संगिनी सुखनंदिनी
स्नेहिल सम्बन्धों का मधुमास
अनथक अमिट अशेष प्यास
शीतल सूर्य और तप्त चन्द्र
जीवन की अनवरत आस
मेरे नेत्र दर्पण की छाया हो तुम

जानती हो मेरे लिए क्या हो तुम?
संतुष्टि और पँखिल कल्पना
हिम्मत, ऐलान, राह और चाह
सुर्ख गुलाब की काँटेदार टहनी
सुखों-दुखों की काव्य निर्झरिणी
जीवन की तुम अक्षय ऊर्जा
स्वेद, ओस, श्वास और रक्त
अटूट विश्वास, प्यार हो तुम

वह देखो ! घूमता काल-चक्र
जब थम जाएँगे श्वास-ताल
अवश, अलौकिक, जीवन जाल
का रेशम तंतु बनोगी तुम
गोधूलि का पावन अरुणाभ
इंद्रधनुष का सतरंग हो तुम
***

भाभी

-शोभा गोयल
265/24 जॉन-26, प्रताप नगर सांगानेर, जयपुर -302033
मो-9571220372

मेरी प्यारी सखी
मैं मायके के आँगन में
तुलसी के बिरवा के पास
वहाँ कहीं एक कोने में
अपना बचपन छोड़ आई हूँ
तुम संभाल लेना

भाई बहनों के साथ मस्ती के पल
संगी सहेलियों के साथ हँसी ठिठोली
थोड़ी बारिश की बूँदें
कुछ कागज की नाव
वहीं कहीं रख आयी हूँ
तुम सब सहेज लेना

माँ की मीठी लोरी
पापा के हाथ की थपकी
भाई की मीठी डाँट
छोटी की छीना-झपटी
रूठना, मनाना और मचलना
वो बचपन की लड़ाई
यहाँ-वहाँ छोड़ आई हूँ
तुम सब देख लेना

छत पर छलाँगें लगाना
वो पोषम-पा खेलना
किताबों के पन्ने
कविताओं की डायरी
वो ढेर सारी रेसिपी के नुस्खे
वहीं भूल आयी हूँ
तुम सब आजमा लेना

मैं अपनी गुड़िया
अपना लाल दुपट्टा
नीम के पेड़ पर टंगा झूला
वो एकत्र की गई सीपियाँ
वो अखबार की कटिंग
कॉफी का मग
बालकनी की ठंडी हवा
जमा की हुई यादें
सब बिखेर आयी हूँ
तुम सब समेट लेना

मैं अपनी वाचलता
अपना अल्हड़पन
कुछ अरमानों की पोटली
मन्नतें और अनेक सपने
कुछ हसरतें
कुछ किस्से
नैहर में कहीं छिपा आयी हूँ
तुम उन्हें मत खोज लेना...
***

प्रेम गीत

-संगीता पाण्डेय
होलीक्रास वीमेंस कॉलेज, अम्बिकापुर, छ.ग.

दो पहाड़ियों के बीच की गहरी खाई
जोड़ देती है दो विशाल पर्वतों को
हमारे प्रेम के बीच दुराव की गहरी खाई
जो बनी है
तुम्हारे झूठ, धोखे और छल से
इस गहरी खाई में विलीन है
मेरी अंतरात्मा की ध्वनि
जो कभी तुम्हारे प्रेम पर्वत से
टकराकर प्रतिध्वनित होती थी।
प्रेम रहेगा उस ध्वनि में, जो विलीन है
पर्वतों के सूक्ष्म छिद्रों में
पोर-पोर में बसा प्रेम
धीरे-धीरे समय की मार से
टूटते पत्थरों में समाहित होगा
उस टूटे चट्टान को जब
शिल्पी ढाल देगा मूर्तियों में
तब
मेरा प्रेम देगा जग को संदेश
झूठ, धोखा, छल तोड़ देता है
विशाल पर्वत को
और बिखर जाता है सात्विक प्रेम
ऐसे ही मूर्तियों में
जो
सदियों तक गायेंगी विरह के गीत...
***

मेरी बिन पैसों की गुल्लक

-कंचन झारखंडे
भोपाल, मध्य प्रदेश

वो मिट्टी के चबूतरे
जो दो छोर पर बनाये थे माँ ने,
वे लिपे पुते थे गोबर से,
वो गगन में उड़ते पंक्षियों को देख
खिलखिला उठते थे हम
उन दो छोरों पर छलाँग लगाते
वो बचपन के मित्र
बड़े लोग हो गए हैं अब
पर नहीं भूले हैं हम वो दिन
जब धूप की कड़कड़ी में
खुरदरे मकान को घर बनाने
खोदे थे मिट्टियों के पोखर
भरे थे, गड्ढ़ों के खोखलेपन को
पत्थरों के डीग से
वो पत्थर पर नंगे पैरों के चटके
वो पैरों की उँगलियों के
मध्य की दरार और
टीन के डब्बे में
बोरे को लपेट जल की शीतलता
भूख की सूखी रोटी
नहीं भूले हैं हम
वो चिमनियों को जलाकर
किताबों को टटोलना

स्कूल की ड्रेस के लिए तरसना
पड़ोस से आती ब्लैक एन व्हाइट टीवी
की आवाज़ और चोर की भाँति
उनकी चौखट से टीवी को ताकना झाँकना
नहीं भूले हैं हम...
कभी सोचा न था वो दिन
गुजर जाएँगे और आधुनिकता
अवसर देगी प्रत्येक आँसू को
पोछने का...
और वक्त भी प्रलय दिखायेगा
उन्नति की ओर बढ़ने का
जिस सूरज और चाँद को निहारते
सोए थे बिना छत के नीचे
वे जीवन की प्रेरणा बन जायेंगे,
सितारों की तरह हम भी चमकेंगे,
सोचा न था।
***

जिन्दगी

-मनीषा रानी वर्मा
बुलंदशहर
ईमेल -manishakarwal123@gmail.com

कभी हँसती रही, कभी गाती रही
जिन्दगी यूँ ही मुस्कराती रही।
कभी संग पतझड़ तो कभी बहार
जिन्दगी यूँ ही लाती रही ॥

कभी गिरकर उठना, कभी संभल जाना
जिन्दगी यूँ ही सिखाती रही।
कभी काँटें तो कभी फूल हार
जिन्दगी यूँ ही बहलाती रही ॥

कभी यह इच्छा, तो कभी वह कामना
जिन्दगी यूँ ही तड़पाती रही।
कभी सुख की छटा तो कभी काली घटा
जिन्दगी यूँ ही बरसाती रही ॥

कभी दिलों का मिलना, तो कभी बिछड़ना
जिन्दगी यूँ ही रूलाती रही।
कभी दीयों की उजास तो कभी रंगों की फुहार
जिन्दगी यूँ ही खिलखिलाती रही ॥

कभी बिछोह-काव्य, तो कभी मिलन-गीत
जिन्दगी यूँ ही गुनगुनाती रही।

कभी यह उम्मीद, तो कभी वह आस
जिन्दगी यूँ ही लगाती रही ।।

कभी जन्म-उत्सव, तो कभी मृत्यु-रुदन
जिन्दगी यूँ ही सच बताती रही।
कभी हँसती रही, कभी गाती रही
जिन्दगी यूँ ही मुस्कराती रही ।।
***

उत्तरप्रदेश से ले आना

-दीक्षा मिश्रा
(स.अ.), प्रा.वि.असनी द्वितीय, भिटौरा, फतेहपुर

अवध की शाम, काशी का सवेरा साथ ले आना,
नवाबों की ठाठ संग, गंगाजी के घाट ले आना।

सुना है मथुरा के घर-घर में, प्रभु दिन रात रहते हैं,
आते-आते उधर से तुम, मेरे घनश्याम ले आना।

लखनऊ से ग़ज़ल और आगरा से ताज ले आना,
वहाँ की नज़्म में बसती है, वो मुमताज़ ले आना।

पिता की आज्ञा सर्वोपरि, ये अहसास ले आना,
सरयू पार जा के एक बार फिर, वनवास ले आना।

यूँ समझो अपने वेदों का, पूरा इतिहास ले आना,
भटके भी जहाँ सुधरें, वो काशी धाम ले आना।

जो ये सब तुमको लाने में, कहीं से चूक हो जाये,
तो संगम का अद्भुत नज़ारा, अपने साथ ले आना।
***

मैं मोहब्बत हूँ

-डा.तारा सिंह अंशुल
लखनऊ, उत्तर प्रदेश
ईमेल-tarasinghcdpo@gmail.com

किसी की दौलत नहीं हूँ मैं मोहब्बत हूँ
किसी की दौलत नहीं हूँ मैं मोहब्बत हूँ,
कोई अमानत नहीं हूँ सबकी इज्जत हूँ.

जन गण मन में रही सदा रिहाइश मेरी,
शांति प्रेम एकता की है फरमाइश मेरी,
यूँ हिंदुस्तान की मैं सनातनी शरीयत हूँ,
किसी की दौलत नहीं हूँ मैं मोहब्बत हूँ.

जाति-धर्म कौम में वतन यूँन बाँटिये,
गुल खिलें खिले रहें चमन यूँ न काटिये,
किसी की कल्पना नहीं मैं हकीकत हूँ,
किसी की दौलत नहीं हूँ मैं मोहब्बत हूँ.

छद्मवेश में मिलते लोग गुम है मानवता,
लील रही इंसानियत को बढ़ती दानवता,
एक इंसा हूँ मैं खुद की शख्सियत हूँ,
किसी की दौलत नहीं हूँ मैं मोहब्बत हूँ.
***

लापता है बसंत

-डॉ दलजीत कौर
चंडीगढ़, #2571, सेक्टर-40सी, चंडीगढ़
मो-9463743144

बसंत आया तो है
डाली पर फूल मुस्काया तो है
वीरान पेड़ पर
हरी कोंपलें फूटी तो हैं
कोयल ने बसंती गीत गाया तो है
सरसों ने पीला खेत
महकाया तो है
बसंती चुनार
पगड़ी का रंग लहराया तो है
मगर लापता है
स्नेह के फूलों का बसंत
नहीं फूटती
प्यार की कोई लता
नहीं आता अपनेपन का बौर
जाने क्यों?
बसंत आकर भी
नहीं आता
लापता है बसंत
मेरे मन का बसंत, तेरे मन का बसंत
लापता है बसंत...
***

ताखे पर दीया

-अनीता रश्मि
राँची, झारखण्ड
ईमेल-anitarashmi2@gmail.com

चलो,
चलो पूरी दुनिया में
दीया जला आएँ
उम्मीद का, विश्वास का
प्रेम की बाती को
मन के तेल में
डुबोकर

इससे पूर्व कि
हो जाए देर
जला आएँ दीया
वहाँ ओसारे पर,
छोटे से ताखे पर भी
जो खुलती हुई
बाहरी दीवार पर बना है

या फिर
उस दालान पर
सड़क के ठीक किनारे,
जहाँ से गुजरेंगे कई कामगार
स्त्री-पुरुष, बच्चे
एक अदद दिन को

अपने अथक श्रम से
भर दिन सुरभित, खुशनुमा बनाकर

और रखना है वहाँ भी एक दीप
जहाँ से छले जाते हैं मन,
दीपदान तो
हर लेते मन के हर कलुष

तो चलो आँगन, तुलसी,
पूजागृह के बाहर भी
देहरी पर रख आएँ दीप
क्योंकि आ चुका है
वह समय बेईमान,
अपनों को
और अपने को
खो देने का।
***

पथराती आँखें

-उर्मिला शर्मा
सहायक प्राध्यापक, अन्नदा कॉलेज,
हजारीबाग, झारखंड-825301

देव ! इन कलियुगी संतानों के
हृदय में भी करुणा देना
जो छोड़ते माता-पिता को
वृद्धाश्रम की दीवारों में
अंत समय जब आता होगा
आस मिलन की आत्मज से
कैसे पथराती होंगी आँखें?

मंजर बदल गया

देखो प्रकृति में कितना
जहर घुल गया है
रहा न खालिश आबोहवा
न ही वो कुदरत का मंजर
रहे न अब वो पंछी
न रहे हरे दरख़्त
रहा न वो चौपाल गाँव का
न रहे वो भोले-भाले लोग
झुलस गई फ़िज़ा अब
वैश्विक तपन के जोर से
लहलहाती जमीं बन गयी है बंजर
देखो कितना ये बदल गया है मंज़र...

प्रेम

-मृणाल आशुतोष
एरौत, समस्तीपुर, बिहार
मोबाईल-91-8010814932
ईमेल-mrinalashutosh9@gmail.com

हम लिखते रहे
प्रेम पर कविताएँ
पर न कर सके प्रेम
अपनी पत्नी से
अपने उन भाइयों से
जिन्हें दो वक्त की रोटी
भी मयस्सर नहीं
पर हम लिखते रहे
प्रेम पर कविताएँ

एक ही गाँव में
बने चार टोले
जो एक दूसरे के यहाँ
पानी पीने से
बचते रहे
पर हम लिखते रहे
प्रेम पर कविताएँ...

***

आँखें

काश होतीं बम की आँखें
और देख सकतीं
गोलियाँ भी
इंसान की तरह

संवेदना का ज्वार होता
और दर्द का अहसास होता
समझ पातीं वो अगर
मानवता, प्रेम और स्नेह को

काश वे सुन पातीं
बच्चों की चीखें
महिलाओं का क्रंदन
और वृद्ध माता-पिता का
बिलखना

सूनी सड़कें
बन्द पड़े स्कूल
वीरान पार्क
और मन्दिर-मस्ज़िद में
अपने भक्तों का इंतज़ार करते
भगवान और खुदा
यही तो उपहार हैं उनके

पर बम निरुत्तर न था
गोलियों के होंठ बुदबुदाये
हम तो निर्जीव हैं
न है हममें सोचने समझने की क्षमता
तुम ही तो करते हो मेरा प्रयोग
क्या कभी सोचा है तुमने
क्यों करते हो ऐसा
क्या कभी किया है
आत्मा से साक्षात्कार
क्या कभी देखा है तुमने
एकांत में
अपने आपको
दर्पण में...

***

दर्द जो अपरिभाषित सहे

-अनिल अयान
श्रीराम गली, दीपशिखा स्कूल से आगे
मारुति नगर, सतना, मध्य प्रदेश, पिन-485001
संपर्क-9479411407

दर्द जो अपरिभाषित सहे,
आँसू बनकर वो ना बहे।

शोक मेरा संतृप्त होता गया,
दिल की गहराई में खोता गया।
भावनाएँ मिटीं तो ना पैदा हुई,
किस्से रहे बहुत अनकहे।
दर्द जो अपरिभाषित सहे,
आँसू बनकर वो ना बहे॥

वक्त के संग जीवन बढ़ता रहा,
प्रगति पथ पर निरंतर चढ़ता रहा,
रूठता भी गया छूटता भी गया,
रिश्तों के महल जो हैं ढहे,
दर्द जो अपरिभाषित सहे,
आँसू बनकर वो ना बहे॥

मैंने दृढ़ संकल्प कर जो भी किया,
जय के संग पराजय का विष पिया,
पराजित होकर भी सीखा बहुत,
प्रश्न चिन्ह मुझ पर कितने रहे,
दर्द जो अपरिभाषित सहे,
आँसू बनकर वो ना बहे।

लंबा है सफर मुस्कुराना सखे

डोर विश्वास की मजबूत हो,
ऐसी प्रीत मन में जगाना सखे।
रास्ते कठिन जान लेना जरूर,
लंबा है सफर मुस्कुराना सखे ॥

विद्रोह की पूरी आशंका यहाँ
घात भी चारों तरफ है लगी।
तम गहरा बहुत है रुकना नहीं
उम्मीद मन में कब की जगी ॥
पराजय आरंभ से साथ है
विजय प्राप्ति हेतु जाना सखे।
डोर विश्वास की मजबूत हो
ऐसी प्रीत मन में जगाना सखे ॥

राह कंटक भरी, मिलेगी तुम्हें
या पगडंडियों का साथ होगा।
अनजान पथ पर रहना अग्रसर
स्वयं के हौसले का हाथ होगा।
एकांत-भय आतंकित करेगा
तब आस का दीप जलाना सखे।
डोर विश्वास की मजबूत हो
ऐसी प्रीत मन में जगाना सखे ॥

समय-चक्र तुमसे बहुत तेज है
समय पर समय का उपयोग कर।

सफलता के पीछे है एक कथा
इसमें कथानक का योग कर
ऐतिहासिक पन्नों में जो दर्ज हो
संबंधों का इतिहास बनाना सखे।
डोर विश्वास की मजबूत हो
ऐसी प्रीत मन में जगाना सखे ।।
***

उस घाट का कोई नाम नहीं

-संजय शांडिल्य
साकेतपुरी, आर. एन. कॉलेज फील्ड से पूरब
हाजीपुर (वैशाली), पिन -844101 (बिहार)
मो. नं.: 9430800034, 7979062845

यह रास्ता
जिस घाट तक जाकर
खत्म हो जाता है
उस घाट का कोई नाम नहीं
उसके करीब
कई घाट हैं नामों वाले
पर उस घाट का कोई नाम नहीं
उस घाट पर
एक मंदिर है प्राचीन
नाम शिवमंदिर
और बगल में
एक मस्जिद है मुगलकालीन
नाम पत्थर की मस्जिद
रंग-रंग के पंछी हैं
उस घाट पर
सबके कुछ न कुछ नाम होंगे जरूर
उनकी भाषा में या हमारी भाषा में
अपने नामों के पंखों पर सवार
वे उड़ते होंगे सारे जहान में
भाँति-भाँति की सुंदरियाँ
कई कारणों से वहाँ जमी रहतीं

बतियाती हुई एक दूसरी से
नामों के आलोक में
अनेक बहानों से पुरुष
दिनभर जमघट लगाए रहते
नामों के संबोधनों के साथ
उस घाट से
गुजरती रहती नदी
उसके साथ
गुजरता रहता उसका नाम
जो वहाँ आता है
नाम के साथ आता है
जो जाता है
नाम ही के साथ चला जाता है
रहने वाला
नाम के साथ रहता आया है अनंत काल से
सिवा उस घाट के
जिसका कोई नाम नहीं !
***

आदमी

एक आदमी
अगले ही क्षण
दूसरा आदमी हो जाता है
दूसरे से तीसरा
तीसरे से चौथा
चौथे से पाँचवाँ...
इस तरह
अनंत क्षणों में एक आदमी
अनंत हो जाता है
हालाँकि अनंत हुआ आदमी
लौटता है आरंभ की ओर
और छूटे हुए
प्रत्येक आदमी को ढूँढ़ता है
ढूँढ़ता है और आगे बढ़ता है
बढ़ता हुआ
किसी और दिशा में
मुड़ जाता है...
अभी
पिछले क्षण
तुम्हारे बारे में सोचता हुआ मैं
इस क्षण
तुम्हारे बारे में लिखता हुआ
बिलकुल दूसरा आदमी हूँ
सोचता हुआ आदमी
सोचने वाला आदमी था

लिखता हुआ आदमी
लिखने वाला आदमी है
संभव है
लिखने वाला यह आदमी
अगले क्षण
सुनाने वाला आदमी हो जायेगा
तुम भी
जो मुझे पढ़ रहे हो
सुन रहे हो
विचार रहे हो
बदलते हर क्षण में
एकदम अलग-अलग आदमी हो
ऐसे ही अपने हर आदमी से बिछड़ता
एक-एक आदमी से जुड़ता
रह जाता है आदमी
और किसी दिन खत्म हो जाता है
हालाँकि
जिसे हम 'खतम आदमी' कहते हैं
वह भी एकदम अलहदा आदमी होता है...
***

वेदना

-आयुषी अग्रवाल
स०अ०, कम्पोजिट विद्यालय शेखूपुर खास
वि०खण्ड-कुन्दरकी (मुरादाबाद)

क्यों होटल पर रह
छोटू-छोटू सुनता?
क्यों पर क्यों चौराहे पर
अखबार बेचता फिरता है?
क्यों "जी भैया" कह
भागता फिरता है पूरी दुकान पर?
बस उसका एक जवाब जो
स्तब्ध कर गया मुझे।
तपाक से जवाब सुन मौन देखती रह गयी उसे।
मैं कमाने जाता हूँ,
जूठन भी खाता हूँ,
अपना बचपन भी गँवाता हूँ,
सौ ताने भी सुन जाता हूँ,
क्योंकि मेरा घर चलता है
उस पगार पर।
दीदी की शादी करायी है ना
उसके उधार पर,
माँ की दवाई
बापू के कपड़े और
मेरा घर टिका है
मेरी कमाई के संसार पर।
बस इसलिए दीदी काम करता हूँ
पंसारी की दुकान पर ॥

***

हार नहीं मानी

-अंकुर शुक्ल 'अनंत'
1645/5, टूटी पुलिया, चेतन विहार, कल्यानपुर
कानपुर नगर (उत्तर प्रदेश)
ईमेल-shuklaankur12350@gmail.com

मानी नहीं मैंने कभी भी हार टूटकर,
सौ बार जुड़ चुका हूँ मैं सौ बार टूटकर।

तुमने किया है जो मुझे उसका गिला नहीं,
मैंने किया है तुमसे मगर प्यार टूटकर।

वो ही समझ सका यहाँ जीवन के मायने,
जिसने निभाया है सदा किरदार टूटकर।

सबके दिलो दिमाग पे छाई है गंदगी,
कैसे गिरेगी मज़हबी दीवार टूटकर।

दिल पर तुम्हारी बेरुखी ऐसे गुज़र गई,
बिजली का ज्यों गिरा हो कोई तार टूटकर।

अंकुर तुम्हारी याद में वो हो गए ग़ज़ल,
आँखों से थे जो गिर पड़े अशआर टूटकर।।
***

मासूम मुहब्बत

-ममता शर्मा 'अंचल'
अलवर (राजस्थान)
मो.-7220004040

आ मासूम मुहब्बत ! तुझे मनाऊँ मैं,
लोरी गाकर तुझको गोद सुलाऊँ मैं।

तुझ संग आँख-मिचौली जीभर कर खेलूँ,
बार-बार छुप-छुपकर तुझे सताऊँ मैं।

छुप जाऊँ तो, मान जुदाई मत रोना,
छुपने से पहले तुझको समझाऊँ मैं।

तू तो रग-रग में नदिया सी बहती है,
तुझे भुलाकर कैसे खुद मिट जाऊँ मैं।

कुछ न रहेगा बिन तेरे इस जीवन में,
तेरे ही दम पर खुलकर इतराऊँ मैं।।

***

छलना सिखा दिया

हम तो भोले थे हमको छल ने छलना सिखा दिया,
छल के चंगुल से छल ने ही हमें निकलना सिखा दिया।

भीतर बाहर इक जैसे थे, लेकिन अब फ़ितरत बदली,
अहा ग़ज़ब हो गया, हमें भी रूप बदलना सिखा दिया।

सूरज को सूरज, चंदा को चंदा ही कहते आये,
अटल रहे अल्फ़ाज़ सदा, पर अब तो टलना सिखा दिया।

नफ़रत हो कि प्यार, हमने जिसको जो किया वही समझा,
अब तो लोगों ने उलझाकर हमें, सुलझना सिखा दिया।

दिल, दिल से पल-पल कहता है सोच न ये तुझ पर फबती,
सच बोलूँ तो खुद से ही अब खुद को खलना सिखा दिया।

चाहे मजबूरी हो "अंचल" फिर भी बहुत जरूरी है,
सच को भी बेरहम झूठ ने रोज निगलना सिखा दिया॥
***

उसके दुःख

-अमित कुमार
सरिया, गिरिडीह, झारखंड

खिड़की पर खड़ी परमीला की आँखें
आसमान तकते-तकते हुई नीली
धरा देख उसके दुःख हो जाते हैं हरे।

अभी-अभी ही पेशी हुई थी घर में
अनजान परिवार की छह जोड़ी
तरेरती आँखों के सामने
जिनके आगे पिता किसी विक्रेता से
मेरी कुछ ठीक कुछ फर्जी खूबियाँ
बखान करते अघाते नहीं थे।
तस्वीर से कद और रंग मिलाते लोग
तैश से अधिक तरस के पात्र लगते,
यह मेरे अहम का सार्वजनिक अपमान है।
सलवार से साड़ी तक की छलाँग है
खाई से घिरी घाटियों के बीच
परिधान में रद्दोबदल के बूते
हो जाता हमारी देह का पंजीयन
रिश्तों में हुए इजाफे को ढोना
गोया गैर-वैकल्पिक कोई जिम्मेदारी।
लोगों का वास्ता रूखा कर जाता
भारी सर की बजाय भारी पाँव की ओर
यह मेरी निजता में अवांछनीय दखल है।

होने वाले तथाकथित स्वामी ने
आगे की पढ़ाई पर शर्त रखी है रोक की
अब मेरे कंधे पर बस्ते की बजाय
आलपीन से टिका रहेगा साड़ी का पल्ला
उनका मानना है किताबी होते हैं बागी
अपढ़ घर बसाने में खरचते हैं अपना समय।
अंतरिक्ष-यात्री बनने की चाह रखने वाली
बिन आज्ञा विरले ही पार करेगी घर की दहलीज,
यह मेरे सपनों को देश निकाला का आदेश है।
जिन हाथों से कभी लिखे गए प्रेम-पत्र
अब वे उलटेंगे चिमटे से रोटियाँ
भुक्खड़ लड़की के पेट मढ़ दिए जाएँगे
तमाम फलाने-ढिकाने व्रत
विरोध करने की हिमाकत करना
फोड़ सकता है जहमतों का पहाड़।
विवाह हवन में फकत आहूति नहीं बल्कि
जल जाते हैं स्त्री के सारे ख्वाब,
यह मेरी चाहनाओं का बेरहम कत्ल है।

एक जादूगर कुछ तिलस्मी मंत्र फूँक कर
लड़कपन को बना देगा जनानापन
चुटकी बजा बाँध जाएगा मेरे आँचल को
किसी दामन के खुरदरे खूँटे से
इस रंगारंग कार्यक्रम में झरेंगे मेरे अलावा
सबकी सहमति दर्ज करते गेंदे के फूल।
नथनी के पुल पर नाक से फूलती साँसें
झूल पहुँच जायेंगी मेरे कानों तक।
यह मेरे जिस्म पर रिवाजों का अनर्गल आघात है।

यह सब सोचते परमीला लगा देती है
खिड़की की सिटकनी
सहसा ही जूड़े में खोंसे मोगरे के गजरे
उसे ऐंठी रस्सी मानिंद लगते
महावर का लाल पसर जाता आँखों के कोये में
देखते ही देखते बढ़ जाता जलस्तर
दरक जाता काजल का बाँध।
***

आदमी

-अंजू खरबंदा
दिल्ली

अदना सा है आदमी
आईना दिखाती रोज ही जिन्दगी
इतिहास को बदलने की बातें करता
ईमान पर भी कायम न रह पाता आदमी

उम्र भर करता गिले शिकवे
ऊल जलूल करता हरकतें
ऋषि बनने का रचता ढोंग
एकाधिपत्य के पीछे दौड़ता आदमी

ऐंठ इसमें गजब की पर
ओहदे को सलाम करता
औसतन रोज ही मरता ऐसे
अंत को भी भूल जाता आदमी

ककहरा बिन सीखे ही
खखोरता अपना भविष्य
गणित बिन समझे ही
घटा जमा में रोज उलझता आदमी

चकाचौंध में हुआ मस्त
छकाने की पड़ गई लत

जमीर भी अपना बेच आया
झाड़ पर खुद को चढ़ाता आदमी

टकराव में बिता दी जिन्दगी
ठहराव न पाया कहीं
डगर पकड़ी आड़ी तिरछी
ढपली खुद ही बजाता आदमी

तख्तोताज की रखता ख्वाहिश
थापी देता खुद को ही
दलदल में धँसता जाता
धर्म को भी न बख्शता आदमी

नकाब से ढका मुखड़ा
पतन की राह पर चलता
फक्कड़ सा जो दिखता
बदनियति में पलता आदमी !

भकोस-भकोस यूँ खाता
मकड़जाल में फँसता जाता
यश अर्जन की चाहत में
रकीब अपना ही बनता आदमी

लगाई बुझाई में रस लेता
वश में न करता अहंकार
शापित सा जीवन जीता
षडयंत्र का हिस्सा बनता आदमी

सत्ता का लोलुप
हठ का पुतला अन्त में
क्षमा दान की करे पुकार फिर
त्राहि-माम, त्राहि-माम उच्चारता आदमी

ज्ञान की बानी पर कान धर इस
श्राप से क्यूँ न मुक्त होता आदमी !
***

ना जाने क्यों?

-डॉ. चंद्रेश कुमार छतलानी
हिरण मगरी, उदयपुर, राजस्थान.
फ़ोन: 9928544749
ईमेल:chandresh.chhatlani@gmail.com

ना जाने क्यों?
धरती का अक्ष
मेरे घर को कुछ डिग्री झुका देता है।

ना जाने क्यों?
मेरे हिस्से का चाँद
किसी और की छत से दिखाई देता है।

ना जाने क्यों?
सातों घोड़े सूरज के
मेरे निवास की खिड़की में हिनहिनाते नहीं।

ना जाने क्यों?
ब्रह्मांड के चेहरे की झुर्रियाँ
मेरे मकां की नींव को कँपकँपाने लगती हैं।

ना जाने क्यों?
अनगिनत सितारों की अपरिमित ऊर्जा
मेरे छप्पर पर बिजली बनकर गिरती है।

ना जाने क्यों?
अनन्तता में स्थित तिमिर
मेरे गृह-प्रकाश को लील लेता है।

ना जाने क्यों फिर भी!
मानस में जलता उम्मीद का दीपक
मेरे घरौंदे में इक लौ पैदा कर देता है।
ना जाने क्यों...
सब-कुछ मिलकर भी
यह दीपक बुझा नहीं पाए।
***

तेरी आदत सी हो गयी

-गीता पति

ईमेल-geetapati28@gmail.com

मुझे नशा है तेरी बातों का,
मुझे हो गयी तेरी आवाज की आदत सी।
तू दूर है मुझसे मगर
एक आसमाँ में रहने की हो गयी आदत सी।
रातों की नींद उड़ गयी, मगर
तेरे ख्वाबों में आने की हो गयी आदत सी।
तू याद करता है मतलब से,
मगर मुझे आदत हो गयी बेमतलब सी।
तुम मुझसे रूठता रहता है,
मुझे मनाने की हो गयी आदत सी।
मैं तुझ पर सब लुटाती रही,
तुझे लूटने की हो गयी आदत सी,
कभी-कभी झाँकता है मन तुझे,
मगर तुझे झुकाने की हो गयी आदत सी।
तू बेपरवाह जितना भी हो,
मगर मुझे हो गयी परवाह करने की आदत सी।।

***

घर के कोने

-ऋचा पाण्डेय

ईमेल -richapandey@bitmesra.ac.in

घर में जाने कितने कोने
हर कोने की एक कहानी
कहीं पर ठंडी-ठंडी हवाएँ
कहीं पर बहता है पानी
घर में जाने कितने कोने
कुछ कोने सज्जा के होते
कुछ कोने लज़्ज़ा के होते
कुछ कोनों में भरी शरारत
कुछ कोने करते हैं आहट
घर में जाने कितने कोने
एक कोना मेरा भी है ना
जिसमें मैंने रखी यादें
बातें करते घर के कोने
सुनते हैं सबकी फ़रयादें
घर में जाने कितने कोने...

***

नैसर्गिक सुंदरता

-निमिषा सिंघल, आगरा
ईमेल : nimishasinghal1976@gmail.com

साँवले सलोने चेहरे पर
चमकती सफेद दंत पंक्ति,
खूबसूरत उन्हें बनाती है।
खेतों में काम करती महिलाएँ,
हँसी-ठिठोली करते-करते
काम निपटाती हैं।

नपी तुली देह,
चंचल निगाहें,
साड़ी में लिपटी
वे सशक्त महिलाएँ,
नैसर्गिक सौंदर्य की प्रतिमाएँ नजर आती हैं।

माँग भर सिंदूर
काजल भरी आँखें,
आत्मविश्वास से परिपूर्ण नजर आती हैं।
पति के संग
कंधे से कंधा मिलाती,
गृहस्थी का बोझ उठाती,
तनिक नहीं घबराती हैं।

उनकी यही सब खूबियाँ,
उन्हें इस संसार में,
बेहद खूबसूरत बनाती हैं...

सुहासिनी

सहधर्मिणी, वह संगिनी,
गृह स्वामिनी वह
वह वामांगिनी
आर्य पग धरे
वह साथ हो,
सुखद अनुभूति का अहसास हो
वह स्मिता वह रागिनी
वह साध्वी, धर्मचारिणी
निश्छल हँसी
उज्जवल छवि
सुरम्यता बेमिसाल हो।
शीतल भी हो गरिमामयी,
कल-कल ध्वनि सी निनादनी,
निरन्न उपवास धारिणी,
सावित्री सी आनंददायिनी
अतुल्य जो चंचल भी हो,
प्राण प्रिय ऐसी सुहासिनी।
***

काश कि वह भूल जाए

-भारती शर्मा,
मथुरा, उत्तरप्रदेश
ईमेल-bhartisharmaa4@gmail.com

बड़ी बेतरतीब सी है वो,
बड़ी लापरवाह सी है वो
कहीं ना कहीं, कुछ ना कुछ रखकर
भूल जाती है अक्सर
हैरान परेशान सी भटकती है,
खंगालती दिखती है सारा घर।

भूल जाती है गुलंबर पर रख
अल्हड़ से सपने, ख्वाब सारे
भूल जाती है, अपमान हर बार
झोंक देती है उम्मीदें चूल्हे में
खुशियों के बहाने खोजती है
कभी बच्चों में कभी साथी में
मुस्कान को भी भूल जाती है
घर के किसी कोने में रखकर
जिम्मेदारियों के चक्रव्यूह में
ऐसी उलझती है वह हर रोज
कि पल पल भूलती जाती है
खुद को.. अपनी पहचान को।
यह सब तो हर रोज भूलती है पर
क्यों नहीं भूलती वह
दूसरों की सारी खुशियाँ,

सर ओढ़ी जिम्मेदारियाँ,
आँसूओं को आँखों में छिपाना,
हँसकर सब टाल जाना
विष बुझे तीर से ताने,
उपेक्षा और मंद उलाहने
अन्मयस्क सी उम्मीदें,
रंग बदलती खुशियों के पैमाने।

काश कि वह भूल जाए
एक दिन के लिए ही सही,
दूसरों के बारे में सोचना
गलतफहमी के गुब्बारे उड़ाकर
हवा में भूल जाए
जिम्मेदारी की पोटली
कहीं गुमाकर वह भूल जाए।

हँसी पर लगी बंदिशों को
याद रखना भूल जाए,
नाप तौल कर खुश होना
काश कभी वह भूल जाए।
चुपके चुपके गमों को संजोना
छुपाना भूल जाए।
संगीत की लय पर थिरकती,
पाँव थकना भूल जाए।
ख़्वाबों के पंखों पर उड़ती,
रुकना थमना भूल जाए।
***

गुलमोहर

-रंगनाथ द्विवेदी
जज कालोनी, मियाँपुर
जौनपुर, उ.प्र.
मोबाइल-7800824758

ऐ परदेश के चाँद
बहुत उदास होगी
इस महीने मेरी गुलमोहर
तड़प रही होगी
एक-एक पल
उस खिड़की को खोले,
जिस खिड़की से
अपने ब्याह की
पहली सुबह उसने देखा था,
बिल्कुल
अपनी गुलाबी साड़ी की तरह
डालों पर खिला गुलमोहर।

उस प्रेम की
सुबह की वो रोमानियत,
जब बड़े प्यार से
कहा था उसे मैंने
कि तुम लाख ताको लेकिन
मैं न ताकूँगा,
खिड़की के उस तरफ क्योंकि

मेरे बहुत करीब खड़ी है
मेरी जिंदगी और मेरी गुलमोहर।

ये फिर वही मौसम है
जब अपनी शाखों पर
खिलता है गुलमोहर,
उसने फिर खोली होगी
वह खिड़की अलसुबह,
और ताक रही होगी
अपनी नम और भीगी आँखों से,
शायद उसकी टीस
और विरह पर मुस्कुरा रहा होगा
अबकी गुलमोहर।
ऐ परदेश के चाँद उससे कहना
कि मेरी यादों में खिलती है
और साँस-साँस जीती है
मेरी गुलमोहर।
***

काश, ऐसी सुबह भी आती कभी

-प्रफुल्ल कुमार त्रिपाठी
लखनऊ, उ.प्र
मो-9839229128
ईमेल-darshgrandpa@gmail.com

मन की गति को कौन जानेगा?
कुछ भी कह लो कौन मानेगा?
दोमुहां चेहरे लिए हों जब सभी,
आपकी बातें कोई क्यों मानेगा?

बह रही ऐसी हवा चहुँओर अब,
आदमियत पर नहीं विश्वास जब
हर किसी के हाथ खूं से हैं रंगे,
अतिथि बन बैठा है अब हैवानियत।

रंग अब गिरगिट नहीं बदला करे है,
शख्स अब हर पल बदलता रंग है।
किस तरह से स्वार्थपरता पूर्ण हो,
हृदय उसका हर तरह से तंग है।

काश ! ऐसी सुबह भी आती कभी,
दाग़ दामन के मिटा देती सभी।
स्वार्थ में जो खो गया है आदमी,
शुद्ध हो जाए यूँ कि जैसे चाँदनी।

कूड़ा बीनने वाली का बच्चा

-राकेश कुशवाहा 'ऋषि'
तीन मूर्ति भवन, नयी दिल्ली

कितना मासूम सा भोला बच्चा वो,
काया नन्हीं सी, उम्र छोटी जिसकी,
तन है मटमैला सा उसका,
मासूमियत चेहरे से उसके झलकती,
नयनों संग पग उसका डोल रहा,
काँधे पर रख एक छोटी सी बोरी,
अपनी माँ के पीछे वो भाग रहा,
छोड़कर जैसे वो जा रही हो कहीं।
रुक जाती जब माँ उसकी,
देखकर कचरे का ढेर कहीं,
ढूँढ़ती उसमें से मतलब की चीजें,
बीनकर रखती वो बोरी में अपने,
नक़ल करता वो मासूम लाल उसका,
कोमल हाथों से जाने क्या है ढूँढ़ता,
जो कुछ भी उसके हाथ में आता ,
झट से बोरी में अपने वो रख लेता।
अपनी माँ की ओर देखकर,
खुश ऐसे हो वो जाता मासूम
दौलत जैसे कोई मिल गयी हो उसको।

जीवन कैसा है ये उसका,
दिनभर कचरे की तलाश में,
अपनी माँ के संग है इधर उधर घूमता,

संघर्ष जिन्दगी का ऐसा भी ना हो,
बचपन उसका यूँ ही ना गुम हो।
अपने ख्वाबों से दूर व्यस्त है वो,
जिन्दगी के फलसफे से अभिज्ञ है वो,
शायद जीने की राह सीख रहा,
संघर्ष के पथ पर अपने नन्हें पंख,
जैसे अभी से ही खोल रहा है वो।
चलते-चलते जब वह थक जाता,
अपनी माँ के आँचल से लिपटकर,
सड़क किनारे वो है बैठ जाता।
क्षण भर बाद उठकर,
अपनी माँ के पीछे-पीछे,
कचरे की तलाश में कहीं और
संघर्ष के पथ पर वो मासूम,
हँसता-मुस्कुराता हुआ,
फिर से है चल पड़ता॥

***

आगे भी चौराहा ही है

-डा. रजनी रमण झा
बीकानेर, मो. 9414193564

चौराहे से एक राह पकड़ी थी
कि मंजिल मिलेगी इसपर चलकर
आगे फिर मिला एक चौराहा
फिर एक राह चला
पर आगे फिर चौराहा ही था
कितने चौराहों से गुजरा हूँ
फिर चल रहा हूँ एक राह पकड़कर
किन्तु आगे भी चौराहा ही दिखता है,
मंजिल नहीं।

ठोस -तरल-गैस

हम दोनों तरल थे कभी
वह तरल से ठोस में बदल गया
रूपायित हो गया उसका एक आकार
मैं बदला तरल से गैस में
इधर-उधर बिखर रहा हूँ
वह कहता है कि
मैं निराकार हो रहा हूँ
व्याप्त हो रहा हूँ सर्वत्र
गैस होकर,
काश! ऐसा हो पाये।
***

चाय में ज़हर

-अयाज़ ख़ान
114-सगम, एमपी वार्ड 11
जुन्नारदेव, जिला-छिन्दवाड़ा, मध्य प्रदेश-480551.

टूटा-फूटा छाता लिये बारिश में भीगता हूँ
जैसे कटा-फटा आसमान।
बचपन की पुरानी तंग गलियों से गुज़रता हूँ
जैसे घिसी हुई चप्पल।
साँसों का आरोह-अवरोह होता है
अधकटी गर्दन से।
चुनावी शोर में कानों पे हाथ रखता हूँ
जैसे पत्थर की मूर्ति।
पिघलता हूँ जैसे मोम,
मुड़ता हूँ जैसे सड़क
अपना दिल हाथ में थामे घूमता हूँ।
सिर पे कफ़न बाँधे घर से निकलता हूँ
अपने टूटे दिल की ख़ाक़ छानता फिरता हूँ।
ज़िन्दा रहने के लिये लिखता हूँ,
जैसे ज़हर भरा चाय का प्याला।
***

आशा के दो दीप

-डॉ. आशा सिंह
मकान-277, संतोष कोचिंग, सूरज टॉकीज के सामने
मातबरगंज, आजमगढ़, उत्तर प्रदेश
मोबाइल नंबर-9452409477

क्या शिकायत करूँ, क्या करूँ शुक्रिया।
वक्त ने जो भी अच्छा, लगा वह किया।

दर्द दिल से बड़ा था, सो दिखने लगा,
आप माने ग़ज़ल, या कहे मर्सिया।

कुछ तो सहमत, असहमत लिखे लोग भी,
तुमने अच्छा किया, छोड़कर हाशिया।

बोलने सच लगे, बहकने में सभी,
तुम पिलाती रहो सुबह तक साक़िया।

जो था मसाला वहीं पर, पड़ा रह गया,
हम रदीफों पे, गढ़ते रहे क़ाफ़िया।
***

(2)

रंग काँटों का, अनायास न निखरा होगा,
जिस्म फूलों का, टूट टूट के बिखरा होगा।

सूख कर फैल गया है, जो रेत के जैसे,
उसके विश्वास का दरिया, कहीं निथरा होगा।

एक मुद्दत से लगातार, सरकते फिसला,
चित्त से वो मेरे, यकलख्त न उतरा होगा।

हर समर्पण के समय, गाँठ बंधी थी इतनी,
वक्त की डोर में हिस्सा कई उभरा होगा।

फस्ल उम्मीद की कुचली है, नज़र आने तक,
लाव लश्कर किसी जल्लाद का, गुज़रा होगा।।

***

उदास शामें

-डॉ अनीता सिंह
पांडिचेरी विश्वविद्यालय, पुदुचेरी, कालापेट

पापा, कल फ़ोन पर बताया था आपने,
गाँव से बाबूजी को ले आना है
तब से ही सोच रही हूँ
पिछले पाँच-छह वर्षों से हर महीने
बाबा को लेकर अस्पताल जाते हैं आप
करते हैं हर व्यवस्था
रहते हैं साथ,
सोचती हूँ, बाबा कितने लकी हैं
मिला है बेटा उन्हें आप सा।
जानती हूँ,
निभा रहे हैं आप दायित्व संतान का,
इन्हीं दिनों में, जब हर शाम लगती है
जीवन की शाम,
शायद इन्हीं शामों के लिए
बड़ी उम्मीदों से पालते हैं लोग अपनी संतान।
सोचती हूँ कि कट रही हैं शामें बाबा की
अच्छी-भली।
पर पापा, बताइए, क्या होगा?
जब होगी आपके जीवन की शाम
क्या करेगें आप?
संतान होते हुए भी नहीं निभा सकूँगी मैं अपना धर्म।
क्योंकि बेटियाँ होती हैं पराया धन, किसी की अमानत,
मायके की इज्जत, ससुराल की आन

और पता नहीं क्या-क्या..
पर नहीं मानी जाती वे अपनी संतान।
तो बताइए, कैसे आ सकूँगी आपके पास
उन शामों में,
जब आप होगें एकदम अकेले।
पर हाँ, भेजी जाऊँगी आपकी कुशलता जानने के लिए
दो-चार घंटे के लिए
या कभी दो-चार दिनों के लिए।
पर नहीं रह सकूँगी कुछ और दिन आपके पास।
लौट आना होगा मुझे 'अपने घर'
तो बताइए, क्या कर सकूँगी मैं आपके लिए?
कुछ नहीं, है ना... .
पर ये नियम बनाये हैं आपने
इसके पहले आपके पिता ने
उसके पहले उनके पिता ने।
कभी भी नहीं निभा सकी हैं बेटियाँ अपना धर्म
माँ ने भी कहाँ निभाया?
क्योंकि नानी भी नहीं पूरा कर सकी थीं अपना धर्म।
तोड़िए इस जंजाल को, बाहर आइये
मुक्त करिए स्वयं को इन नियमों से।
मत दीजियेगा विरासत में
ये नियम-कानून मेरे भाई को,
नहीं तो उदास हो जायेंगी शामें उसकी भी।
क्या करेगा उन शामों में अकेला बैठा वो,
सोचती हूँ मैं।

***

बाइसवीं सदी में

-लक्ष्मीकांत मुकुल
बक्सर, (बिहार) -802117
ईमेल -kvimukul12111@gmail.com
मो-6202077236

जब धुआँसे की तरह शहर
छा जाएँगे गाँव के क्षितिज पर
तुम फर्क नहीं कर पाओगे दोनों के भेद
तब बच्चे जानकर चौक जाएँगे
घोंटते हुए एक टिकिया में भोजन के सारे तत्व
कि कभी मिट्टी के घरों में जलते थे साझे चूल्हे
कई पीढ़ियों के लोग साथ रहते थे झोपड़े में
रिश्तों के मधुर संबंधों का होता था ताना-बाना
किसी एक को लू लगते ही
मंद पड़ जाती थी घर की सारी खुशियाँ

बाइसवीं सदी में जब नित नयी तकनीकों से
दुनिया हो रही होगी संचालित
भंग हो चुके होंगे परिवार, विवाह, संबंध के
पुराने पड़ चुके मानक
मनुष्य से बढ़कर रोबोट की होगी माँग
पेपरलेस, कैशलेस से आगे जाकर नैनो तकनीक की पूँछ पकड़े
सभ्यता की ऊँचाइयाँ छू रहे होंगे लोग
तब अचरज से भर जाओगे तुम जानकर
कि यहीं गाँव किनारे एक स्वच्छ जलधार वाली बहती थी नदी

जिसके किनारे सब्जियाँ उगाता एक किसान कवि
मेड़ों पर बैठकर लिखता था खीझ भरी कविताएँ

यह वह समय होगा जब मिलावटी दूध की तरह
मिलते होंगे लोग एक दूसरे से
गलबहियां, आलिंगन, स्पर्श, चुंबन, थिरकन
को भूल गए होंगे लोग बाग
जीवन में क्षीण पड़ गए होंगे नवोरस नवरस,
चारों भाव पंचतत्वों के महत्व, ज्ञान-कर्म इंद्रियों के उपयोग
भौचक्के रह जाएँगे वे यह जानकर कि कभी
लिखे जाते थे तन्मयता से प्रेम पत्र
सरकंडे की स्याही तंग पड़ जाती थी
आँसूओं की बूँद से, विरह-वेदना, तड़प
जैसे शब्द अबूझ लगेंगे उन्हें

यह वैसा समय होगा जब एक बच्चा पूछेगा
अपनी माँ से कि मेरे जन्म के समय किसके साथ थी तुम
एक अधेड़ के फुर्सत का पल खो जाएगा
यह याद करने के लिए कि उसके साथ सोई एक स्त्री के
बच्चे कितने बड़े हो गए होंगे
सेम की लत्तरों-सा छाये अनुवांशिक रिश्ते
समय की लू में जल गए होंगे
ददियौरा, ननियौरा, फुफुऔरा के जुड़ाव को
माने जाने लगा होगा पिछड़ेपन का संकेत
नये सामाजिक बंधनों की डोर में बंध रही होगी दुनिया
वह समय होगा जब इंसान मंगल व चाँद पर बस चुका होगा
बस्तियाँ एलियन से हो गए होंगे
उसके मधुर संबंध वैज्ञानिक ईजाद कर चुके होंगे

कालक्रम को नियंत्रित करने के तरीके,
मेडिकल साइंस खोज लिया होगा
जीवात्मा के प्रत्यारोपण के सिद्धांत,
मानव शरीर में लेजर किरणों द्वारा चिप्स डालकर
अमरत्व प्रदान करने के गुण
तब तक, माउंट एवरेस्ट के माथे पर खुल गए होंगे रेस्तरां,
अंतरिक्ष शटल पर हो रहा होगा
यौन-क्रियाओं का रोमाँचक रियल शो,
हाइड्रोजन बम को हथेलियों पर लेकर खेलेंगे ताकतवर लोग
बाईसवीं सदी में खो गयी होंगी नदियाँ रेतीले तलछटों में
छओं ऋतुओं, बारहमासों के नहीं दिखते होंगे
इंद्रधनुषी पग-चिन्ह
संघर्ष, मतदान, अधिकार, समानता के अर्थों को
भूल गए होंगे लोग
तकनीक के सम्राटों के हाथों में आ गयी होंगी राजसत्ताएँ
क्रूरता, प्रताड़ना, दंड-विधान के विकसित हो चुके होंगे
आभासी तरीके
इन सब के बरअक्स एक बड़ी आबादी
जी रही होगी ढिबरी वाले युग में ही
भूखी, फटेहाल, बेघर, बेकारी से बेचैन
जहाँ चरवाहे भैंस चराते हुए गिल्ली-डंडा खेल रहे होंगे,
एक बच्चा फूलों को लोटा के पानी से पटा रहा होगा
एक माँ अपनी बेटी को रोटी बेलना सिखा रही होगी।
***

गोपी संवाद (मधुशाला-छंद में)

-ममता गिनोरिया "सजग"
जोरहट, असम

कान्हा मेरे जल्दी बोलो,
मथुरा से कब आओगे?
लेकर बैठी माखन मिश्री,
बोलो जी कब खाओगे?
बाट जोहती घड़ी-घड़ी मैं,
सूरत कब दिखलाओगे,
तड़प रही हूँ श्याम याद में,
अब तो धीर बँधाओगे।
चाहे जितना माखन खाना,
कभी नहीं मैं रोकूँगी।
कान्हा चाहे मटकी फोड़ो,
नहीं कभी मैं टोकूँगी।
कभी करूँगी नहीं शिकायत,
मैय्या यशोदा से तेरी,
एक बार आ जाओ तो क्यों,
दुःख में खुद को झोंकूँगी।
***

प्रियतमा का समर्पण

-डॉ योगेश अहिरवार
सहायक प्राध्यापक, अर्थशास्त्र
शासकीय पेंचवेली पी. जी. महा. परसिया, छिन्दवाड़ा
मो-8817727065

सुर हो, साज हो, दिल की झंकार हो तुम,
हाथों की चूड़ी, माथे की बिन्दी, गले का हार हो तुम।

सूर्य की किरण, चंद्रमा की लाली, मेरे ओठों की मुस्कान हो तुम,
धरती हो, आकाश हो, मेरे लिए जीवन का आधार हो तुम।
सुर हो, साज हो, दिल की झंकार हो तुम।
हाथों की चूड़ी, माथे की बिन्दी, गले का हार हो तुम॥

फूलों की खुश्बू मधुवन का सावन, वीणा की तार हो तुम,
नाक की नथनी, कानों की बाली, मेरे जीवन का श्रृंगार हो तुम।
सुर हो, साज हो, दिल की झंकार हो तुम।
हाथों की चूड़ी, माथे की बिन्दी, गले का हार हो तुम॥

दिन की सुबह, दोपहर की पहर, शाम का इंतजार हो तुम,
आँखों का काजल, पैरो की पायल, मेरे जीवन का सार हो तुम।
सुर हो, साज हो, दिल की झंकार हो तुम।
हाथों की चूड़ी, माथे की बिन्दी, गले का हार हो तुम॥
***

जिंदा हैं संवेदनाएँ

-राम मूरत 'राही'
पता-168-बी, सूर्यदेव नगर, पो.ऑ.-सुदामा नगर
इंदौर, पिन-452009
मो.-9424594873

अक्सर
ऊब जाता है मन
इस कंक्रीट के शहर से।

सड़क पर होते हैं हादसे
तड़पते/कराहते हैं लोग
फिर भी
नहीं जागतीं
उनके प्रति लोगों की संवेदनाएँ।

यहाँ
रिश्ते
तपते हैं
सूरज की तरह
जो
झुलसा देते हैं
अपनों को।

भाईचारा खो गया है
भागम-भाग की इस कशमकश में
उजालों के इस शहर का

ये 'अंधेरा' बहुत चुभता है मुझे।
काट दिए गए हैं हरे-भरे वृक्ष
और उगा दी गई हैं
उनकी जगह
बड़ी-बड़ी गगनचुंबी इमारतें।

शहर ने
पी लिया है रक्त
न जाने कितने गाँवों का
इसलिए
फल फूल रहा है
एक जोंक की तरह।

मन करता है लौट जाऊँ गाँव
जहाँ आज भी जिन्दा हैं संवेदनाएँ
जहाँ रिश्ते देते हैं ठंडक/सुकून
जहाँ जिन्दा है भाईचारा/प्रेम
जहाँ दूर-दूर तक फैली है
मखमली हरियाली
गाँव पीता नहीं है रक्त
बल्कि देता है।
***

कचरा वाला बच्चा

-अनीता तिवारी
सिलीगुड़ी (पश्चिम बंगाल)

अपनी माँ के
कलेजे का टुकड़ा होगा,
वो कचरा वाला बच्चा...

खुशियों से भरा होगा,
माँ-बाप का दामन,
जब जन्मा होगा,
वो कचरा वाला बच्चा...

पर कहाँ होती है,
इनके नसीब में खुशियाँ,
बेबसी भी साथ-साथ आई होगी,
जब जन्मा होगा,
वो कचरा वाला बच्चा...

कुछ सपने कुछ अरमान,
इसके भी तो होंगे,
बेबसी में जो पूरा ना कर पाता है,
वो कचरा वाला बच्चा...

थम जाते होंगे इसके भी कदम,
गुजरता जब होगा,

स्कूल के सामने से,
वो कचरा वाला बच्चा...

सारे बच्चे पढ़ते हैं,
मैं ही क्यों नहीं पढ़ता,
मन ही मन सोचता होगा,
वो कचरा वाला बच्चा...

कोई फरिश्ता बनकर आए
और कचरे की झोली हटाकर,
किताबों का बस्ता थमा जाए,
कभी तो सोचता होगा,
वो कचरा वाला बच्चा...

हृदय विदारक दृश्य होता है,
जब भूख की आग मिटाने को,
कचरे में पड़े रोटी के टुकड़े के लिए,
कुत्ते से भी लड़ जाता है,
वो कचरा वाला बच्चा।

***

सुनो! शोषको!

-कोमल सोनी
शिक्षिका (नवोदय विद्यालय समिति)
27, जय भवानी नगर, खातीपुरा रोड
जयपुर, राजस्थान, पिन-302012
संपर्क-7359485053

सुनो !
शोषको!
अब बहुत हुआ !
सदियों से सहती आयी हूँ
वेदना !
दर्द में बहती आयी हूँ, खोकर
चेतना !
पर अब नहीं,
अब और नहीं,
वेदना की चीत्कारें!
अब तो स्वाभिमान पुकारे !

कि बदल जाएगी
सृष्टि ही,
परिवर्तित हो जाएगी,
दृष्टि ही !
नारी हूँ मैं,
कोई वेदना की सरोकार नहीं..
महिषासुर मर्दिनी हूँ मैं,
कोमलांगी अवतार नहीं,

अब कोई वेदना न दे पाएगा,
आत्मसम्मान न ले पाएगा,
गर किया दुस्साहस तो फ़िर,
यह जीवन अमृत न पी पाएगा!!
***

रिसते छाले

-विजयानंद विजय
आनंद निकेत, बाजार समिति रोड, पो.-गजाधरगंज
बक्सर, बिहार, पिन– 802103, मो-9934267166
ईमेल-vijayanandsingh62@gmail.com

चाहे जितना भी सीऊँ
अपने पाँव के छालों को
जख्म रिसते ही रहते हैं,
और, दर्द रूह तक को बेधता है।
दूर है गाँव, अभी जाना है बहुत दूर
पाँव नहीं हैं थकने से मजबूर।

बाहें फैलाए खड़े
वे खेत और खलिहान
पास बुलाती हैं
गाँव की सर्पीली पगडंडियाँ
अंबुआ की छाँव
और बारिश की बूँदों में घुली
माटी की सोंधी-सी महक।

भूख शहर लाई थी
भूख ही वापस ले जा रही है।
कभी सोचा भी न था
कि रोटी की तलाश
इस तरह भी खत्म होगी

रेल की पटरियों पर,
ट्रकों के पहियों तले,
या किसी ट्रेन के डिब्बे में।

दफन हैं
गगनचुंबी इमारतों की नींव में
उनके अश्रु, स्वेद और रक्त
जो खुद आज बेघर हैं।
उगाकर उद्योगों की फसल
वे खुद मोहताज हैं
आज दाने-दाने को।
बेबस, लाचार, असहाय।
गर्मी, भूख, प्यास से बेखबर,
बस, चले जा रहे हैं
कठोर, पथरीली, लंबी, अंतहीन सड़कों पर
लहूलुहान कदमों के निशां छोड़ते हुए
अथक, अविचल, अहर्निश, अविराम।

वे नहीं समझ पाये
जीवन का अंकगणित
समाज की ज्यामिति
और विकास का अर्थशास्त्र।
क्योंकि उनकी प्राथमिकता थी
सिर्फ भूख और रोटी।
फिर पीठ पर बोझ
चाहे बीमार बाप का हो,
या अपाहिज पत्नी का,

या माँ की गोद में
नवजात मृत का।
क्या फर्क पड़ता है?

घोर निराशा की काली, डरावनी
अँधेरी रातों का सीना चीरकर
रोशनी की कोई तो रेख फूटेगी?
जो जीते-जी पहुँचाएगी उन्हें
उनके अपने गाँव।
क्या मृत देह को नसीब होगी
अपने गाँव की मिट्टी?
क्या पूरा होगा सफर
इक रोशनी की तलाश का?
दिल को है उम्मीद और विश्वास
कि कभी तो सूरज निकलेगा!!
***

चिल्लर

-विपिन 'इलाहाबादी'
ईमेल-vipiniam@gmail.com

कुछ नोट मिले, कुछ चेक भुनाये,
खर्च हुए ज़िन्दगी पर, जो भी कमाये।
जिनसे मोल ना मिले कुछ ख़ास,
बस वो बच गए, खर्च नहीं हुए।
महँगी होती गई जीविका,
आजीविका सहम कर रह गई।
नोट सारे खर्च हो गए,
बस कुछ चिल्लर था, जो बच गया,
कुछ रह गए बटुए में,
नोट भी इस कदर कि ख़ास,
वो बड़ों के लिफ़ाफ़े से निकाला,
एक का नोट, हमेशा रहा पास।
वो बीस पैसे का सिक्का,
पीतल का, कमल फूल इंगित था जिसमें।
रहा जाने कितने बरसों तक,
बटुए के किसी अदृश्य कोने में।
मिट्टी के गुल्लक में खज़ाना,
चिल्लर से ही तो बनता था।
'अरे, इसमें थे इतने पैसे',
आश्चर्य सभी को होता था।
जीवन में भी ऐसे ही,
सब कुछ हो जाने के बाद,

कुछ चिल्लर यादें रह जाती हैं बाकी,
तमाम हिसाब हो जाने के बाद,
जो काम था, वो तमाम हुआ,
जो जिसको करना था, किया।
रेज़गारी से अनुभवों का बस,
हमने और तुमने संग्रह किया।
मेरी गुल्लक में भी जाने कितने,
इकट्ठे ऐसे छुट्टे पैसे हैं।
पास रहकर एक सुखद अहसास,
जो बचपन वाला देते हैं।
कभी जो ये गुल्लक तोड़ूँ,
एक ऐसी संपदा इसमें छुपी है,
अनमोल जिन्हें कह सकते हैं,
कुछ ऐसी अनुभूतियाँ संजोई हैं,
रह जाएगा अंजान यह खज़ाना भी,
एक समय हो जाने के बाद।
समय रहते साझा कर लो चिल्लर,
जाने क्या होगा, जाने के बाद।
***

दो मुँहे इन्सान

-अवधेश कुमार सिन्हा
मुज़फ्फरपुर, बिहार

ये ढोंग रचे, दोमुँहे हैं,
क्या सोचे क्या बोले हैं।
ऐसे मौन पड़े हैं देखो,
जागे हैं या सोए हैं।

मीठी-मीठी ही बात करे,
लगते कितने भोले हैं।
ये शक्स जो दिख रहे,
उतने मन के काले हैं।

उद्धारों की बात करे पर,
लाचारों का खून पीते हैं।
भूखे नंगे मानव का,
ये रोटी खाकर जीते हैं।

साधू का भेष धरे यह,
शैतानों की खाला है।
कितना लूट खसोट किया,
गले उतने पुष्पों की माला है।

करो भरोसा स्वयंपर,
सदा स्वाभिमानी रहो।
आँखें खुली रखो अपनी,
सच्चा तुम इन्सान बनो ।।

***

परिवार (विधा-दोहे)

-प्रतिभा भारद्वाज "प्रभा"
मथुरा, उत्तर प्रदेश

कंकड़, पत्थर जोड़ के, बन जाये घर द्वार।
प्रेम, त्याग, सद्भाव से, बनता है परिवार॥
***

गाड़ी सम परिवार है, डीजल सम है प्यार।
पति-पत्नी पहिए भले, चलता यूं परिवार॥
***

जन्म दिया माँ-बाप ने, सजा दिया घर द्वार।
ज्यों ईश बिन मंदिर हो, इनके बिन परिवार॥
***

पाश्चात्य की संस्कृति ने, तोड़ दिए परिवार।
रिश्ते सब बिसरा दिए, भूले सब संस्कार॥
***

पहले तो परिवार है, उसके बाद समाज॥
रखो सँजो परिवार को, कर लो खुद परनाज॥
***

प्रेम स्वप्न

-रिया अग्रवाल
मकान-318, द्वितीय तल, सेक्टर-11D
फरीदाबाद, हरियाणा-121006; मो-8826418376
ईमेल-riyaaggarwal115@yahoo.com

वो करीब हों हमारे
गवाह हों चाँद सितारे
जुड़ जायें नसीब की तारें
हर लम्हा हो साथ तुम्हारे
चलो तुम आजीवन संग हमारे..

शीतल सी नज़रों की छुवन
रोम रोम हो जाए मधुबन
सुख दुःख की मनोहर स्पंदन
हरसिंगार सा महके हर क्षण
चलें साथ जैसे दो नयन..

जन्मों का हो गठबंधन
राधा को मिल जाए मोहन
छूटे ना कभी फिर दामन
दिन रात हो जाए पावन
अलौकिक हो जाए ये मिलन..

रुत बदले, न बदलें हम तुम
प्रयागराज सा हो जाए संगम
अमृत कलश बन जाए जीवन
मधुरम हो जाए ये जन्म
अनंत प्रेम में डूबे रहें हम...

स्त्री का प्रेम सफर

मुश्किल था हमारा तुम बन जाना
तुम संग बिताए हर पल में गुम जाना
राहतें, चाहतें सब तुम हो जाना
कैसे हुआ तय सफ़र अनजाना
ना लगी खबर हमें
घुल गए धीमे धीमे तुममें रोजाना
बन गई मैं राधा और तुम कान्हा
बंध गई प्रीत की डोर
जीवन बन गया सुहाना
चाँदनी रातों में सितारे माँग में सजाना
रोज़ एक अफसाना लिख जाना
कसमें रस्में तहेदिल से निभाना
विश्वास की जोत को प्रज्वलित रख पाना
समझ और संयम का संतुलन बनाना
उतार चढ़ाव में पहाड़ सा जज़्बा दिखाना
आँसूओं को मुस्कान के पीछे छिपाना
बनकर तुलसी आँगन महकाना
खुद की पहचान भुलाना
सचमुच मुश्किल था हमारा तुम बन जाना..
***

मान गई माँ

-सन्तोष सुपेकर
31, सुदामा नगर,उज्जैन, मध्यप्रदेश
मो-9424816096

सुबह से शाम तक
घर के
इस कोने से उस कोने
इस कमरे से उस कमरे तक
घूमती ही रहती बुजुर्ग माँ।

बरामदे से बेडरूम
और आँगन से स्टोर रूम तक
छत से आँगन और
आँगन से फिर पिछवाड़े तक।
एक निरीक्षक की तरह
खोजी निगाहों से
सबको देखती
सबको टोकती
सबको समझाती
घूमती रहती माँ।

कहते भी थे हम सब
क्यों थक रही हो माँ?
तुम्हें क्या करना है अब?
आराम करो
तसल्ली से बैठो

बैठ जाओ एक कमरे में
बैठ जाओ एक कोने में।

आखिर मान गई माँ
और बैठ गई
निर्निमेष सी
एक कमरे में
कमरे के एक कोने में
तस्वीर बनकर।
***

इन्तजार

-जमीला खातून
झाँसी, उत्तर प्रदेश

मुझे आज भी इन्तजार रहता है
कि तुम आओगे,
तुम जरूर आओगे।
लगता है कि अभी फोन की
घंटी बजेगी और तुम
बात करोगे मुझसे
आज फिर मैंने तुम्हारी पसंद की
साड़ी पहनी है, तुम्हारे इन्तजार में,
वही साड़ी जो मैंने तुम्हारे
ड्यूटी पर जाने के वक्त पहनी थी
और तुमने भर लिया था मुझे
अपनी बाँहों में और अंकित कर दी थी
मेरे माथे पर अपने प्यार की निशानी।
पर तुम बहुत दिनों से नहीं
आये अबकी बार
क्या छुट्टी नहीं मिली?
हाँ याद आया,
तुम आये तो थे
तिरंगे में लिपट कर
तुम सो रहे थे भारत माँ की गोद में
निश्चिंत होकर
बहुत लोग थे तुम्हारे आस-पास
पर नहीं

ऐसा नहीं हो सकता
मेरा मन कह रहा है तुम आओगे
जरूर आओगे तुम।
आज मैंने पकाया है तुम्हारी पसंद का
सरसों का साग और तुम्हारी पसंद की खीर
थाली परोसी है तुम्हारे लिये,
पर आज तुम अकेले अकेले ही खा रहे हो
मुझे नहीं खिला रहे हो अपने हाथों से,
लो अब ये बसंत आ गया है
अब तो आओगे न
मैंने फिर से किया है शृंगार तुम्हारे लिये,
सब कुछ पहना है तुम्हारी पसंद का,
क्योंकि तुम्हारी माँ जबरन
पहना देतीं हैं मुझे
रंगीन साड़ी, चूड़ी, बिन्दी, पायल
वह कहती हैं
"तू सुहागिन है, मेरा बेटा जिन्दा है,
मरा नहीं है वह, शहीद हुआ है,
अमर है वह"
और
मैं तड़प उठती हूँ उन्हें देख कर,
अब तो आओगे न तुम?
मुझे हिम्मत बँधाने के लिए,
सिन्दूर की डिबिया भी उठाई है मैंने
माँग में तुम्हारा नाम सजाने के लिये,
पर तुम्हारी तस्वीर दिख जाती है
और वह सिन्दूर लगा देती हूँ
तुम्हारे माथे पर॥

चार साल की हो गई है अब तुम्हारी बेटी
कई सवाल पूछती है वह तुम्हें लेकर
पापा कहाँ हैं? कब आयेंगे?
क्योंकि उसे तो कुछ याद भी नहीं है
वह मात्र दो साल की ही तो थी
जब तुम गये थे उसे छोड़कर,
मैं उत्तर देती हूँ,
"बेटा ! अब जमीं की सरहद की
लड़ाई खत्म हो गई है।
अब तुम्हारे पापा आसमां की
सरहद पर लड़ने गये हैं
जल्दी ही आयेंगे।"
पर क्यों होतीं हैं ये सरहदें
जो जोड़तीं नहीं सिर्फ तोड़तीं हैं
कई ख्वाहिशें, कई दिल, कई जिंदगियाँ
और कई मासूमों के अधूरे सपने।
मुझे ये बताने तो आओगे न?
आओगे न तुम फिर से?
***

जगना होगा रोज सुबह

-मुकेश तिरपुडे
केयर आफ श्रीमती अमिता चौरे
गली नंबर 3,मकान-501
कसारीडीह, दुर्ग,छत्तीसगढ़. पिन कोड –491001
मो-9340802132.

संग समय के इन पथरीली
राहों पर चलना होगा
हम सबको कुछ गीतों में
कुछ गजलों में ढलना होगा।

जगना होगा रोज सुबह
सूरज की किरणों के संग संग
रोज शाम को एक दीपक के
संग साथ जलना होगा।
जीवन पथ पर चलने का
संकल्प हमेशा साथ रखो
रंग बिरंगे सपनों को
इन आँखों में पलना होगा।

दुःख के पल भी सहने होंगे
चलते चलते जीवन पथ पर
खुशियों की खातिर चंचल
अंधियारों को छलना होगा।

जिंदगी

आगे पीछे पीछे आगे
कदम कदम चल रही जिंदगी।

कुछ पल जैसे बतियाती है
सहमी डरी पास आती है
लहरों को पायल पहनाती
तूफानों से टकराती है
जलने लगती संग आग के
पानी सी बहती जाती है
राज हवाओं के यह खोले
रातों में लोरी गाती है

जीवन का अँधियारा हरने
दीपक सी जल रही जिंदगी।

मिट्टी से नाता है तन का
रोज कहाँ होता है मन का
औरों का कुछ तो दुःख बाँटे
कुछ तो हो मतलब जीवन का
हो जाएगी काया रोगी
क्या कर लोगे संचित धन का
कुछ पाने खोने के क्रम में
व्याकुल है जीवन जन जन का
अन्तर्मन में प्यार समेटे
सपनों में पल रही जिंदगी।

बन जाती है सखी सहेली
राह दिखाती चलती जाए
पथ पर हो जब अंधकार यह
एक दीये सी जलती जाए
इन आँखों में सुबह शाम यह
सपना बनकर पलती जाए
कभी बनें चट्टान कभी तो
बर्फ बन यह गलती जाए

रंगों में खुशियाँ भरती है
लम्हों को छल रही जिंदगी।
***

प्यार

-स्मृति चौधरी
ईमेल-smrity2704@gmail.com

प्यार...
जैसे पूर्णिमा की हो चाँदनी रात,
जैसे भोर काल में नभ से उतरी परी की हो सौगात।
जैसे फूलों पर नाजुक ओस की बूँदों की हो बरसात
जैसे मदमस्त कोई हिरण ढूँढ़ता हो कस्तूरी का साथ।

प्यार...
जैसे शांत नदिया की चंचल धारा,
जैसे अथाह सागर में लहरों संग कश्ती खाए हिलकोरा।
जैसे रोशनी के मुँह में जलकर तृप्ति पाए परवाना,
जैसे संवेदनाओं के भंवर में डूबा आहत हृदय,
खोजता है एकांत कोना।

प्यार....
जैसे तपती मिट्टी पर पहली फुहार है गिरती,
जैसे जंगल में विरह समान भक्षी सिंह से हिरनी,
प्रतिक्षण भय है खाती
पीड़ा जितनी, उतनी ही शांति भी,
भीतर बसी अपने पर, बाहर पाने की कोशिश भी,
बिना बंधन बिना शर्त,
हर भाव हृदय में इसे है रहना,
प्यार... इसे है अनवरत बहना।

ईश्वर

-सरिता सैल
कर्नाटक,
मो-8431237476
ईमेल-saritasail12062@gmail.com

इन दिनों बीहड़ में बैठकर
पाषाण पर लिख रहा है
दस्तावेज
सृष्टि के पुनर्निर्माण का
उसके पहले वो छूना चाहता है
जंगली जानवर के हृदय में
स्थित प्रेम
जिसका वह भूखा है सदियों से
उसने खाली कर दी तमाम बैठकें
जहाँ पाप के कीचड़ में
पुण्यबीज
बोने की इच्छाएँ
जमा हो गई हैं
दिमागों को अंतिम आशीर्वाद देकर
वो वहाँ से उठ चला है
नदियाँ
बीहड़ की तरफ मुड़ी हैं
सुना है ईश्वर के चरणों के
स्पर्श से
बंधनमुक्त
साँसें भर रही हैं

वनराई के सबसे ऊँचे तरु से
बेल खींचकर ईश्वर ने
पुरुषों के कदमों का माप लिया है
कछुए के पीठ की कठोरता
उसने अपनी कलम में भरकर
गढ़ ली है
स्त्री की प्रतिमा।
तमस गुणों को नवजात की
मुट्ठी में बंद करके
ईश्वर ने बाँध दिया है
स्वार्थी मनुज को
दन्तुरित मुस्कान में।
***

ख्वाबों का परिंदा

-कुणाल सिंह

336/1, राजरूपपुर, प्रयागराज-211011.

मो-9696308408, 9455998114(व्हाट्सएप)

ईमेल: kunalncr@gmail.com

अनंत ऊँचाई गगन सी ओढ़े
एक परिंदा उड़ता है,
खुली हवा के तर्ज को देख
वो हवा के विपरीत ही बहता है...

अम्बर खुला इकाई सा
दहाई सा गहरा दिखता है
सैकड़ों में है बाधा दिखती
हजार सा ख़्वाब वो बुनता है...

मन उमंग उत्साहित होता
यद्यपि बिंदु सा दिखता है
होता परस्त जो हौसला उसका
कुछ करने को कहता है...

समय निरीह प्रतिकूल है दिखता
वो अंतर्मन में कहता है
है विजय उसी की जो इस पथ पर
अडिग निरंतर चलता है...

***

जमीं है माँ, तो आसमां है पिता !

-सिद्धेश्वर

"सिद्धेश सदन", द्वारिकापुरी, रोड नंबर 2
पोस्ट-बीएचसी, हनुमाननगर, कंकड़बाग
पटना, बिहार, पिन-800026
मोबाइल-9234760365
ईमेल-sidheshwarpoet.artgmail.com

पिता का घर में, रहता है इंतजार।
पिता है तो घर में, छलकता है प्यार।।

पिता के बिना, हर रास्ता अधूरा।
पिता है तो हर सपना, होता है पूरा।।

जीवन की जीवंत अभिव्यक्ति है पिता।
मजबूत रिश्तों की, असीम शक्ति है पिता।।

स्कूल का बस्ता, कॉपी, किताब है पिता।
सुख-दुःख के गणित का, हिसाब है पिता।।

माँ का स्नेह, परिवार का अनुशासन है पिता।
सलीके का जीवन देने वाला, प्रशासन है पिता।।

पिता के बिना, हर रास्ता है अधूरा।
पिता है तो हर सपना होता है पूरा।।

माँ की बिंदी, सिंदूर, सुहाग है पिता।
संघर्ष की राह पर, दहकता आग है पिता।।

जमीं है "माँ" तो आसमान है पिता।
रोटी, कपड़ा और मकान है पिता॥

पिता संरक्षा, संयम, सुरक्षा का हाथ है।
पिता नहीं तो माँ के होते भी, बच्चे अनाथ हैं॥
***

तमाम रात

-कृष्ण सुकुमार
ए.एच.ई.सी, आई.आई.टी. रुड़की
रुड़की-247667 (उत्तराखण्ड)
मो-9917888819
ईमेल-kktyagi.1954@gmail.com

तमाम रात
आकाश में
होती रही
सपनों की मूसलाधार बारिश
और
रंगों के सैलाब
हवाओं में उमड़ते रहे।
तमाम रात
नहीं मिला
घूँट भर के लिए
झील के उस तिलिस्म तक
पहुँचने का रास्ता!
तमाम रात
असीम धैर्य और होश के साथ
निर्मल और पारदर्शी चाँदनी से लबरेज़
उस झील के ऊपर
फुर्र फुर्र उड़ती रही
चमकदार परों वाली नन्हीं सी प्यास।
***

(2)

उम्रभर हम जिन्हें
ढूँढ़ते रहते हैं, वे
हमें मिल नहीं पाते
वे मिल जाते हैं उन्हें
जो किसी और को ढूँढ़ रहे होते हैं।

हम तक कुछ चीज़ें
नहीं पहुँच पाती उम्र भर
पहुँच पाते हैं सिर्फ़
उनके प्रतिबिंब।

हम होते ही नहीं
और चाहते हैं होना
बग़ैर हुए।

हम दौड़ते हैं भविष्य की ओर
और ठहरे हुए होते हैं वर्तमान में
अतीत होते हुए
अंतत: हम कहीं नहीं होते।

ज़िंदगी!
हम तुझे जीते हैं और
तेरी कहीं एक नहीं चलती।
***

कहाँ हूँ मैं

मैं इधर-उधर हूँ
जाने कब से।

उधर तो
कभी भी नहीं हूँ।

और इधर तो
हूँ ही नहीं कभी।

कहीं हूँ मैं
जहाँ हूँ वहीं नहीं हूँ।

जहाँ नहीं हूँ
वहाँ तो हूँ ही नहीं।

अगर कहीं नहीं हूँ मैं
तो हूँ ही क्यों?

अगर हूँ तो
कहीं क्यों नहीं हूँ मैं।

तो फिर कहाँ हूँ मैं ?
***

गोविन्द पाद के सम्मुख शंकर

-देवांशु, दिल्ली
ईमेल-devanshukumarj@gmail.com

धारण कर काषाय वस्त्र
हाथ में ले प्रतनु दण्ड
गोविन्दपाद के आश्रम में
प्रविष्ट हुआ एक बालक
अस्ताचल अंशुमान के
अंतिम प्रकाश से दीप्त मुख
मोह विकार एषणा से दूरित देह
द्वार पर स्तुति कर बोला,
हे गुरु ! चलकर सुदूर दक्षिण से
तोड़कर वृद्धाम्बा के प्रेम का वज्रद्वार
आया हूँ आपके सम्मुख श्रेष्ठ-
दें मुझे, परब्रह्म सच्चिदानंद रूप का ज्ञान
वेदान्त में कर प्रवीण, करें शंका निदान !
समाधि से मुक्त हो बालक को गुरु ने देखा
अंत:प्रज्ञा से हुए चकित क्षण ही भर में
पूछा, हो कौन तुम? परिचय दो अपना !
बालक बोला, मैं पृथिवी नहीं, न जल हूँ
न वायु ही और ना ही नभमंडल हूँ
न आकाश, न उसके गुण, न इंद्रियाँ
इन सबसे परे है जो, वह शिव हूँ !
उठे उसी क्षण गोविन्दपाद आसन से
रख कर हस्त बालक के सिर पर
बोले, आओ प्रतीक्षा पूर्ण हुई मेरी! हे शंकर !

जो किया अर्जित साधना, ज्ञान समाधि से
वह सब कुछ तुम्हें सौंपता हूँ प्रवर!
संन्यास की सविधि दीक्षा देकर
मुक्त हुए गुरुश्रेष्ठ गोविन्दपाद
गुरु में विरल शिष्य
शिष्य में गुरुता का आह्लाद
तत्वमसि ! अहं ब्रह्मास्मि !
अयमात्मा ब्रह्म का अंश लिए
चले हिमालय को आदि शंकर...
***

बद्रीनारायण में आदि शंकर

गर्भगृह था विग्रह-विहीन
केवल शालिग्राम से शोभित था
देखते हुए शंकर ने बंद किए अपने नेत्र
ध्यान धर चतुर्भुज विष्णु का, बोले, यति
हे अर्चक ! मंदिर में नहीं विष्णु का विग्रह !
अर्चक ने नतनयन कहा, महात्मन, दस्युओं के दंश से
पूर्वजों ने श्रीविष्णु को रखा एक सरोवर में
शतियों से वहीं वास है पद्मनाभ का, उसी जल में
मौन हुए शंकर, किंचित प्रश्नाकुल पूछा,
मिल जाय अगर वह विग्रह हमें पुनः तो
करोगे पूजन अर्चन विधिवत, अनवरत?
होंगे हम कृतार्थ महात्मन, मिल जाएं अगर श्रीविष्णु !
कहकर अर्चक ने जोड़े दो शब्द,
मंदिर भी तो होगा पुरस्कृत प्राप्त कर उन्हें !
तत्क्षण मुड़े शंकर, पग बढ़ाए नारद कुण्ड की ओर
पहुँच कर तटपर जल को देखते रहे नीलग्रीव नीलकमल
फिर धीरे-धीरे धँसे कुण्ड में गहरे
अर्चकगण भौंचक देखते, हाथ उठा रोकते
श्रीमन सावधान ! सरोवर में मृत्यु है साक्षात !
जो जो इस जल में उतरा जलमग्न हुआ
हे यति ! अभी इसी क्षण लौटें तापस !
ध्यान धर पद्मपाद का करेंगे हम पूजा-अर्चना बिना विग्रह !
जैसे पूजते हैं इस अनंत निराकार को,
अनसुना कर उतरे शंकर, तल में पैठ
ध्यानस्थ शिवपुत्र ने फेरा दाहिना हाथ

हस्तगत एक विग्रह कर उमड़े ऊपर
विस्मित अर्चकगण देखते हुए ठगे रहे
साक्षात चतुर्भुज ज्यों शिव का प्रसाद पाते हुए
किन्तु, कुछ मलिनमुख हुए शंकर
यह क्या ! विग्रह तो है खंडित !
जल में अर्पित कर प्रतिमा दामोदर
भीतर उतरे पुनः शंकर
कुण्ड के कंठ से खींच कर लाए दूसरा चतुर्भुज विग्रह
हाय ! वह भी अंगुष्ठ विहीन ही था !
यह कैसी माया ! कैसा विधान प्रभो!!
पुनः प्रविष्ट होकर निकाल लाए तीसरा विग्रह
जो था वही अंगुष्ठ विहीन प्रथम द्वितीय ही
समझे शंकर तब काल प्रवाह
नेत्र में जल लिए आए ऊपर
बोले,तिष्ठ तिष्ठ हे हृषिकेश ! अंगुष्ठ विहीन ही इस कलि में !
तब से बैठे बद्रीनारायण चतुर्भुज रूप वहाँ
जाते शंकर-शंकर करते सब भूप जहाँ...
***

हस्ताक्षर थे पिता

-डॉ. लता अग्रवाल
भोपाल

चली आती थी
खुशियाँ
शाम ढले
नन्हें-नन्हें
उपहारों में
संग पिता के
घर का
उत्सव थे पिता...

संघर्षों के
आसमान से
बरसती बिजलियों से
लेते लोहा
ऐसी अभेद्य
दीवार थे पिता...

चिंताओं के कुहरे
से पार ले जाते
अनिश्चय के
भँवर में
हिचकोले लेती
नाव के कुशल
पतवार थे पिता...

चहकते रहते थे रिश्ते
महकती थी उनसे
प्रेम की खुशबू
संबंधों के लिये
ऐसी कुनकुनी
धूप थे पिता...

जिन्दगी की
कड़ी धूप में भी
नहला देते
अपने स्नेह की
शीतल छाँह से
ऐसे विशाल बरगद थे पिता...

घर-भर को नया
अर्थ देते
जिन्दगी के
रंगमंच के
अहम
किरदार थे पिता...

हर परीक्षा में
हमारी
सफलता-असफलता
की रिपोर्ट कार्ड के
महत्वपूर्ण
हस्ताक्षर थे पिता...

आज
उत्सव के अभाव में
गहरा सन्नाटा है
घर में
चहुँ ओर
तड़कती हैं बिजलियाँ
जीवन नैया फँसी है
भँवर में
कुनकुनी धूप के
अभाव में
दीमक खा गई
रिश्तों को
एक अहम
किरदार के बिना
सूना है
जीवन का रंगमंच
सफलताओं-असफलताओं के
प्रमाणपत्र
बेमानी हैं
एक अदद हस्ताक्षर के बिना...
***

क्या अब के बरस

-सतीश कुमार सरदाना
गुड़गाँव
मो-9911956389

मेरी पत्नी ने पूछा, "क्या अबके बरस बसंत नहीं आएगा?"
बोलो, क्या जवाब दूँ उसको?
मैं पहले ही बहुत दुखी हूँ
अब यह सवाल सलीब की तरह आ पड़ा मेरे कंधों पर
बेहतर होता कि मैं ईश्वर होता
और उठा सकता संजीवनी बूटी वाला पहाड़
कभी जब वह इक्कीस बरस की थी
और मेरी दुल्हन बनकर घर आयी थी
वह बसंत मनाया करती थी
मेरे किराये के घर के सामने एक पेड़ था
जिस पर एक झूला पड़ा था
वह कुछ कुँवारियों के साथ झूला करती थी
और उन उत्सुक किशोरियों को
रातों की कहानियाँ सुना देती थी।
अब इतने सालों बाद
उसका यह पूछना दिल पर बोझ डालता है
"क्या अब के बरस बसंत नहीं आएगा?"
खासकर तब जब आँखों से दृष्टि जा रही है
पसलियों में नब्ज़ का धड़का सुनता है
और सब्जियों से, फूलों से, मनुष्यों से
सबसे डर लगता है
हो सकता है अस्पताल की सीढ़ियों पर
मौत के इंतजार में आखिरी बार
बसंत देखना नसीब हो...

कब भूल पाता हूँ

-नज़्म सुभाष
356/केसी-208, कनक सिटी,
आलमनगर, लखनऊ-226017. मो-6394894504.

तुझे मैं भूलना चाहूँ मगर कब भूल पाता हूँ।
लबों पर नाम है तेरा, तुझे ही गुनगुनाता हूँ॥

वही दुनिया की रस्में हैं, वही दर्द-ए-जुदाई है,
मुहब्बत एकतरफा किसलिए हमने निभाई है।
समझता हूँ समझने में मगर क्यों चूक जाता हूँ,
तुझे मैं भूलना चाहूँ मगर कब भूल पाता हूँ॥

हसीं रातों के ये मंजर नहीं दिल को लुभाते हैं,
तुम्हारे साथ जो गुजरे वो लम्हे याद आते हैं।
उन्हीं को अब जफाओं के नए किस्से सुनाता हूँ,
तुझे मैं भूलना चाहूँ मगर कब भूल पाता हूँ॥

कोई भी ख्वाब अब टिकता नहीं है इन निगाहों में,
न आएगा कभी सावन पलटकर मेरी राहों में।
उदासी ही उदासी है जहाँ तक देख पाता हूँ,
तुझे मैं भूलना चाहूँ मगर कब भूल पाता हूँ॥

अकेले में ये तन्हाई मुझे जीने नहीं देगी,
इन आँखों के समंदर को कभी पीने नहीं देगी।
उबरना चाहता हूँ अब मगर क्यों डूब जाता हूँ,
तुझे मैं भूलना चाहूँ मगर कब भूल पाता हूँ॥
***

हिम्मत और लगन

-श्रीनारायण झा
दिल्ली
ईमेल-srinarayanjha@gmail.com

पत्तों का झरना
अंत नहीं है तरुवर का।
यह तो वसंत के आने का
परिचायक है।
इस अमाँ निशा का
सूच्यभेद यह अंधकार,
आने वाली
सुरमई सुबह का द्योतक है,
मरुथल है,
तो क्या हुआ ?
यहाँ भी छाँव हेतु,
हम सबको मिलकर
पीपल एक लगाना है।
बस हिम्मत और लगन से
आगे बढ़ना है,
मंजिल को तो
कदमों के नीचे आना है।

ऐसे तूफां
ना जाने कितनी बार उठे,
लगता था
लहरें लील न जायें
नैया को,
लेकिन झंझावातों का वश

कुछ चला नहीं,
वे लाख चाहकर
हरा न सकीं खेवैया को।
पहले भी हमने
जीते हैं सैंकड़ों समर,
अब भी हम ही जीतेंगे
कर दिखलाना है,
बस हिम्मत और लगन से
आगे बढ़ना है,
मंजिल को तो
कदमों के नीचे आना है।

जंगल के जंगल कटे,
लुप्त हो गये जीव।
नदियाँ सूखीं,
सागर का हृदय विषाक्त हुआ।
नभ क्षिद्रयुक्त, अम्लीय मेघ, दूषित समीर
क्या कहें मनुज ने
जग का कैसा हाल किया।
वह मलयगंध से परिपूरित
जीवन समीर,
इस धरती पर
फिर एक बार सरसाना है,
बस हिम्मत और लगन से
आगे बढ़ना है,
मंजिल को तो
कदमों के नीचे आना है।
***

www.ingramcontent.com/pod-product-compliance
Lightning Source LLC
Chambersburg PA
CBHW050018170726
48282CB00025B/456
9789390539383